品读王府中的精彩故事，深层次了解老北京城的历史文化。

回顾历史，从一个最特别的角度去讲述北京城的王府，探求流传在老北京王府里的趣闻传说……

流传在老北京王府里的

趣闻传说

拾趣京城王府传奇故事，品味别具特色的京味文化

墨　非◎编著

中国华侨出版社

图书在版编目（CIP）数据

流传在老北京王府里的趣闻传说 / 墨非编著. 一 北京：中国华侨出版社，2015.7

ISBN 978-7-5113-5572-0

Ⅰ.①流… Ⅱ.①墨… Ⅲ.①古建筑－介绍－北京市②中国历史－清代－通俗读物 Ⅳ.①K928.71②K249.09

中国版本图书馆 CIP 数据核字（2015）第 165990 号

● 流传在老北京王府里的趣闻传说

编　　著 / 墨　非
责任编辑 / 严晓慧
责任校对 / 志　刚
装帧设计 / 环球互动
经　　销 / 新华书店
开　　本 / 710 毫米×1000 毫米　1/16　印张 /17　字数 /228 千字
印　　刷 / 北京柯蓝博泰印务有限公司
版　　次 / 2015 年 12 月第 1 版　2020 年 5 月第 2 次印刷
书　　号 / ISBN 978-7-5113-5572-0
定　　价 / 48.00 元

中国华侨出版社　北京市朝阳区静安里 26 号通成达大厦 3 层　邮编：100028
法律顾问：陈鹰律师事务所　　　编辑部：（010）64443056　64443979
发行部：（010）64443051　　　传　真：（010）64439708
网　址：www.oveaschin.com　　E-mail：oveaschin@sina.com

前　言

　　根据史料记载，在乾隆年间，北京城一共有30座王府，其中亲王府19座、郡王府11座。随着历史的变迁，王府的数量也在发生着不断的变化，到了嘉庆年间，北京城的王府已经达到42座，清朝末年的时候，约有50余座。

　　时至今日，这些大大小小的王府，有的已是残缺不全，有的已是旧貌换新颜，被完整保存下来的更是少之又少。经历过岁月的洗礼，这些王府以它们特有的视觉角度见证着一代又一代主人的过去，一代又一代的王府主人在这里留下他们特有的故事与回忆。

　　当岁月的车轮碾过历史的尘埃，我们在感慨这些王府古老与宏伟的同时，也不禁好奇，这些承载着百年历史的王府，在它们身上，是不是曾经有好多故事发生？流传在那里的，会不会是讲不尽的趣闻和传说？沧海桑田、物是人非，岁月留给我们一座王府的同时，还将那一段又一段流传在王府中的趣闻传说留给了后人。

　　本书经过多方资料的查取，将北京城37座王府清晰地展现在了世人的眼前。从主人的风采到景观的传说、从王府的建筑特色到最终的结局。无论是流传于民间的传说，还是发生在里面的真实故事，或与其有关的制度、历史事件，统统从历史的舞台搬到现实的世界。

恭王府里为何"蝙蝠"多？墙上闪现的古装丽影真是"女鬼"显现？八王寺同英亲王府的主人有着怎样的关系？豫王府的墙为何要高三尺？礼亲王府"闹鬼"之事源起何处？川岛芳子竟是肃亲王府十四格格？睿亲王府为什么会有两座？英勇一世的英亲王最后为何要谋朝篡位？睿亲王多尔衮与孝庄的关系终究是怎样的？怡亲王载垣究竟心怀什么样的阴谋？定亲王永璜为何死后封爵？廉亲王为何在监禁中病逝？清末状元洪钧驻足过循郡王府？张作霖大帅买下顺承郡王府？

当这一连串的疑问闪过脑海，我们不禁对这些古老的建筑物充满了好奇，那么现在就让我们翻开这本书，回顾历史，从一个最特别的角度去讲述北京城的王府，探求流传在老北京王府里的趣闻传说……

目 录

恭王府——中国现存最完整的清代王府

基本概况

1. 地理位置

北京恭王府坐落于北京城的西北方，在地安门的什刹海以西。

2. 建立时间及王府主人

始建于 18 世纪末，曾属乾隆后期大学士中国第一贪官和珅的宅邸，后因和珅获罪，王府的主人改为庆郡王永璘，后改赐为恭亲王奕䜣的王府。

3. 历史评价

恭王府是北京保存最完整的清代王府，堪称"什刹海的明珠"。"月牙河绕宅如龙蟠，西山远望如虎踞。"这是史书上对恭王府的描述。鉴于三代主人的关系，恭王府也有"一座恭王府，半部清代史"的说法。

4. 艺术评价

恭王府作为清朝亲王的府邸，其建筑布局规整、工艺精良、楼阁交错，充分体现了皇室辉煌富贵的风范和清致素雅的风韵。

后罩楼——和珅当年的藏宝楼

偌大的恭亲王府中，最富有神秘色彩的则是这个和珅当年的藏宝楼——后罩楼。这座后罩楼位于王府邸深处，上下共两层，长 156 米，内有 108 间房，俗称"99 间半"，取道教"届满即盈"之意。之所以是 99 间半，是因为这个数字是故宫房间数字"9999 间半"的尾数。"和大人"如何知道 108 间房里各个房装的是什么宝贝？

在"藏宝楼"后墙共开 88 扇窗户，每间屋子的窗户形状设计得都不一样，"和大人"靠这种办法来区分哪间屋子藏的是什么宝贝。

在这些窗口中，其中一扇很别致：窗口上面雕刻着蝙蝠（蝠福谐音），下面雕的是双鱼（鱼余谐音），砖雕栩栩如生，窗棂上也有蝙蝠图案，生动地体现了"福庆有余"的意境，真是独具匠心。

另外，后罩楼墙壁有夹层，夹层内即是藏宝之地，据说在这里面就查抄到和珅赃款 26000 两黄金！

关于和珅的家产，据史料记载，太上皇弘历归天后的第五天，嘉庆皇帝就褫夺了和珅军机大臣和九门提督两个职务，并被"赐令自尽"，抄了他的家。抄出的财产估计约合白银八亿两，相当于当时全国国库十几年的总收入。所以有"和珅跌倒，嘉庆吃饱"的说法。

恭王府为何"蝙蝠"多

恭王府素有"万福之园"的美誉，王府中除了有康熙皇帝题写的福字之外，花园到处都有寓意"福"的景致和设计。而在太湖石的正后方，就是蝠池，它也是比较典型的代表，因整个池塘的形状就像一只展开翅膀的蝙蝠，因而得名。

另外，在这个池塘周围种植着很多榆树，春天的时候，金黄的榆钱都随风飘落在蝠池中，蝠池就像个聚宝盆。

"蝙蝠"是恭王府花园里的又一大景致。这里的蝙蝠可不是天上飞的活物，而是各种蝙蝠造型的装饰物和景点。为何恭王府会选用这一动物来装点景致呢？有如下三种说法。

1. 满人爱蝠

传说努尔哈赤曾在一次与明军交战中大败，因身受重伤而跌落马下，幸得空中漫天飞舞的蝙蝠（有传说是乌鸦飞落其身）将其掩藏，才得以逃脱此劫。而且清代工艺品装饰中有蝙蝠纹样的文物中属乾隆朝的居多，所谓"上有所好，下必甚焉"，因此，作为乾隆朝的宠臣和珅喜欢蝙蝠是绝非偶然的。

2. 与福谐音

因为蝙蝠的"蝠"字同中国汉字的"福"字谐音，而且"蝙蝠"一词本身在谐音上便是一个"好口彩"（吉利话）——"遍福"，寓意遍地是福、幸福无边。

3. 长寿之物

蝙蝠在古人的传说中被认为是一种长寿的动物，食之使人增寿，因而蝙蝠也成为一种长寿的符号。

据说，当年和珅就是要取蝙蝠的"蝠"字音，以蝠衬福。所以，我们几乎能在所有建筑物上看到"蝙蝠"，流杯亭上有，大戏楼的窗格上也有……

据说，恭王府花园里共有9999只蝙蝠，而这第1万个"福"，就是花园的第3个景观——"福"字碑。

揭秘"天下第一福"

过大年，北京人常喜欢到恭王府沾沾福气。但在整个恭王府的参观中，数"福字碑"的前面排着的队伍最长，最拥挤。这是为什么呢？这恭王府与"福气"又有何渊源呢？

原来，恭王府里那块"天下第一福"的石碑乃是康熙皇帝的御笔，一直是大清的国宝，曾珍藏于紫禁城内，后来几经辗转才藏于恭王府。

距今已经有三百多年的历史。而在这座"福字碑"的背后，都发生过怎样的故事呢？下面让我们来慢慢探究。

颇有传奇的来历

说起这"天下第一福"，它还有着一段不平凡的经历。

相传，康熙帝的祖母孝庄太后六十大寿将至，却不料突然得了一种很难治的病，宫中的太医们用遍了良方名药却依旧没有什么起色。上古有"承帝事"请福延寿之说，意思是真命天子是万福万寿之人，可以向天"请福延寿"，百般无奈之下的康熙帝，决定用为祖母请福。

康熙皇帝在沐浴斋戒三日之后，一气呵成写就了这幅倾注了对祖母挚爱的"福"字，并加盖了"康熙御笔之宝"印玺，取意"鸿运当头、福星高照、镇天下所有妖邪"。

这幅笔酣墨饱的"福"字经过精心裱糊后，送到了孝庄太后的寝室，陪伴其左右。说来也巧，得"福"字几天后，久病的太后竟百病全消了。

它创造了哪些空前的纪录？

康熙倾注爱心所写的这个"福"字，有意无意间还创造了许多空前的纪录。

纪录一因为"福"与"寿"两个字在形体上差异太大，所以自古以来没有哪个书法家将"福"与"寿"两个字合为一字书写。但康熙帝御书的这个"福"字右半部分恰好是王羲之《兰亭序》中"寿"字的写法，由此成为了现存历代墨宝中唯一的将"福""寿"写在同一个字里面的"福"字，堪称"福中有寿，福寿双全"之"福"。

纪录二康熙帝这个"福"字的书写不同于民间一般饱满方正的写法，其字形窄而长，且瘦，因而又将这个"福"称为"长瘦福"，音同"长寿福"，即为长寿之福，也就是从这个"福"字开始，清朝开始有了每年御赐"福"字的定例。

纪录三这个简单的"福"字当中，暗含了"多子、多才、多田、多寿、多福"数个含义，也是古往今来、独一无二的"五福"合一之"福"。

不翼而飞的"福字碑"

为了永久保存孙子玄烨送给自己的这份弥足珍贵的"福"字，孝庄太后临终前亲自命人将"福"字刻在石碑上，并一直矗立在宫中。不料，到了乾隆时期的时候，这块"福"字碑却神秘地失踪了。

乾隆皇帝一生最为敬仰的人就是他的祖父康熙帝，因此，乾隆皇帝对"福字碑"的失踪始终无法释怀，但当嘉庆皇帝继位后向乾隆皇帝询问"福字碑"的事情时，乾隆沉默了一会只回答了他八个字："布衣之相，福泽万民"。

恭王府的福字碑是如何被发现的？

到了 1962 年，周恩来总理批示重修恭王府，考古人员意外地在恭王府花园的秘云洞内发现了一块刻写着"福"字的字碑。看起来很像乾隆年间神秘失踪的"康熙御福"石碑，经过多方的考证和分析，考古学家们确定其就是乾隆年间神秘失踪的那块"康熙御福"石碑。百年的失踪谜题，终于真相大白。周总理在得知此碑为"康熙御福"石碑后，欣然将其命名为"中华第一福"，又称"天下第一福"。

可当年藏在皇宫里的"福"字碑怎么会失踪跑到和珅的私宅当中去了呢？据相关资料上说，这块"福"字碑当年的失踪就是和珅偷偷将其运出宫的，和珅将这座"福"字碑镶嵌到园中秘云洞内的石壁上，而就在这个秘云洞的石壁上还隐藏了一个大大的"寿"字，所镶嵌"福"字碑的位置正好是那个大"寿"字的一点，从而使这里成了"福中有寿，寿中有福"的风水宝地。

但一些学者对于这种说法并不表示认同。在戒备森严的皇宫当中，想将一块那么大的"石碑"偷运出宫，谈何容易，哪怕是皇帝的宠臣和珅。而且，和珅的府邸并不只是和珅居一个人住过，偌大恭亲王府，几易其主，"福"字碑怎么可能有不被发现的道理？

关于"福"字碑在恭亲王府中发现还有另外一种说法，说是当年乾隆帝将"天下第一长寿福"赐给了自己的宠臣和珅，和珅得碑后遂命人运来几千块的太湖石，在后花园砌成京城一条巨龙，龙的位置正好在京城的龙脉上，于是他便将"天下第一长寿福"藏在龙穴悉心供奉，使其称之为"洞天福地"。

无论是第一种"和珅偷运出宫"的传言，还是另一种"乾隆皇帝恩赐宠臣"的猜测，关于"福"字碑是如何来到恭亲王府的，我们现在已经无法考证，但这件经历了数百年风雨的皇家至宝，经过漫长的岁月洗礼，至今依旧可以完整地并展现在世人的面前，实在是难能可贵，与此同时，它为我们留下的这一段历史上的悬案也等待后人的破解。

花园里的西洋景

恭王府的花园正门是一汉白玉石拱门，因为其建筑风格西洋化，所以又被称作是西洋门。在门额的南面刻有"静含太古"四个字，北面刻有"秀挹恒春"四个字，其意为享太古之幽静，拥满园之春色，其中蕴含的道家思想理念更是体现出了其深邃浑厚、沉雄苍古的绝妙意境。

恭王府花园里的这道门并不是在和珅建园子的时候留下来的，而是恭亲王改造的时候建造的，拱门是模仿圆明园中的大法海园门所建造，纯正西洋式建筑风格，看起来十分气派。西洋门也是王府中唯一的一处西式的建筑，从这道门可以体现出，主人希望通过学习西方的文化和技术去挽救清朝统治的意愿。

据说，当时的北京城只有三道这样的西式门，但如今能完好保存下来的却只有这一道，因此，西洋门也成为恭王府的一处"绝妙之笔"。

恭王府内"送子观音像"的传说

走进恭王府的后花园，我们会看到一座高达3米左右的送子观音石，而关于这尊佛像，还有它的传说和来历。

相传，当和珅虽然有很多的福晋和小妾，但是却一直没有儿子。直到有一年，一个偶然的机会，和珅得到了一座石像，传说是从太湖当中得来的，并未进行人工雕琢，但石像的外形看起来十分像一尊手中抱着小孩子的观音像。和珅见后非常欣喜，为了自己可以多财多福，更为了自己能尽早生一个儿子，和珅便将这座石像放在了府中的后花园里。而说来也巧，就在得到石像的这一年，和珅的原配夫人就生了一个儿子，也就是后人所熟知的丰绅殷德。丰绅殷德这个名字，是乾隆皇帝为其取的，寓意多福。和珅得了儿子，又是皇帝亲自赐的名字，更是十分高兴，于是就将石像放在了后花园的入门口。一直让其保佑自己和家人的安康。

恭王府的三代主人

恭王府不仅拥有豪华的建筑，而且还被称作是"半部清朝史"，这样的称谓，是和居住在这里的三代主人密切相关的。

恭王府曾是和珅的府宅，和珅死后，嘉庆帝便将这座府宅转赐给了他的小弟弟庆郡王永璘，被改称为庆王府。后来，恭亲王奕䜣因协同慈禧太后发动政变而有功，慈禧太后便将此府赐予了奕䜣，变成了恭亲王府，恭王府的名称也是因此而得来的。

这座建造于乾隆年间的恭王府，从风水学的角度上来讲，其地理位置是相当优越的。相传，北京一共有两条龙脉，一条是土龙，即故宫的龙脉；还有一条是水龙，在后海和北海一线，而恭王府恰好在后海和北海之间的连接线上，也就是我们刚刚提到的水龙脉上，所以，恭王府绝对是处风水宝地。而在这样一处风水宝地上生活的三位主人，在他们的身上又发生过怎样有趣的故事呢？

第一代主人——18 世纪的首富

恭王府的第一任主人是人们所熟知的——大学士和珅，而关于和珅的故事，真实的、杜撰的，实在是数不胜数。下面我们撷取了其中的两例。

1. 鼻烟壶的故事

在清代笔记小说中，记述了这样一则故事：

大臣孙士毅出使越南返京，在宫门之外偶遇和珅。和珅一眼就看到手中拿着个东西，就向他要来一看，和珅见此物大如雀卵，雕琢绝美，便随口索要，孙赶紧答道："此物原为进献皇上，而且下官已经向皇上奏明了。"和珅只好掩饰说："我只不过是一句玩笑罢了。"

过了几天，孙士毅又在宫门外遇见和珅，和珅特意与孙闲话："我昨日亦得一鼻烟壶，不知与公日前进奉皇上的可媲美否？"孙取来一看，原来就是自己前几日进奉之物。

2. 长子娶到乾隆最宠爱的和孝公主

由于乾隆皇帝对和珅宠信有加，于是将自己的幼女十公主嫁给和珅长子丰绅殷德。

固伦和孝公主是乾隆皇帝最小的女儿，她出生时乾隆已经 65 岁，自然视其如掌上明珠，对其异常疼爱。虽然贵为金枝玉叶，却性格刚毅、聪明能干，引得乾隆感叹："如果你是皇子的话，朕一定把皇位传给你！"

在和孝公主 13 岁时，便被破格册封为固伦公主，这也充分说明了乾隆对她的宠爱，因为按清朝法制所定：皇后所生之女才能被封为"固伦公主"，而妃、嫔所生或者由皇后收养的其他皇亲宗室之女，则只能封为"和硕公主"。

和孝公主下嫁权臣和珅长子丰绅殷德，嫁妆丰厚，超过其他姐妹。

位于恭王府东路的多福轩（初称为"延禧堂"）曾是和孝公主的居所，之前人们对公主住所一直有争论，在修缮恭王府时发现乐道堂梁柱上，有代表公主身份的贴金凤凰彩绘，为此作了最好的说明。

第二代主人——不爱江山爱豪宅的王爷

和珅被赐死后，这座空了的府宅便成了庆郡王永璘的府邸。毫无疑问，永璘对这座豪宅的钟爱在历代主人中是无人可比及的。早在乾隆年间的时候，和珅当道，诸皇子们对其已是忍无可忍，并在一起商议说，无论将来谁继承皇位，都要首先"除"掉和珅，而却唯有十七皇子永璘与众不同，他说，将来不管哪位哥哥当上皇帝，只要把和珅的这座豪宅赏赐给我，我就很知足了。而永璘也因此落下了"不爱江山爱豪宅"这样的名号。

因为嘉庆帝念着兄妹之情，所以并没有剥夺自已这个小妹夫的爵位，公主夫妇也仍然住在原来的家里。这座宅第也就因此一分为二，西为庆王府即永璘居住的府邸；东为和珅的儿子与和孝公主居住的府邸。一直到和孝公主去世，整座府邸才全部归到庆郡王名下。

第三代主人——励精图治的洋务领袖奕䜣

第三代主人奕䜣得到这座府宅是因为协同慈禧太后发动政变有功而被赏赐的，并于同治初年的时候对王府进行了修缮和改建。今天我们看到的恭王府建筑规模与格局，就是在那个时候形成的。

恭亲王奕䜣是道光帝的第六个儿子，所以也被人称为"六王爷"，这个六王爷无论是在道光、咸丰年间，还是同治、光绪年间，都是赫赫有名的人物，这个奕䜣究竟是怎样一个人呢？

1. 皇位之争，兄弟失和

奕䜣从小就是一个聪明过人的孩子，能文能武，深得道光皇帝的宠爱。但因为缺乏经验，不善于揣摩皇帝的心理，在皇位的竞争中败给了四皇子奕詝。

在道光帝的众多皇子当中，属奕䜣和奕詝的关系最为密切，兄弟两人从小就一起读书习武，兄弟俩不仅成长为熟读经史、兼通诗文、擅长骑射的少年才俊，还共同研创出枪法二十八式、刀法十八式，这使道光皇帝十分欣慰，还特意将枪法赐名为"棣华协力"，将刀法赐名为"宝锷宣威"，意为二人同心协力。

面对同样优秀的两个皇子，道光皇帝开始犹豫了，皇位该传给谁，四皇子还是六皇子？而就在道光帝选太子犹豫不决的时候，发生了两件事情。

道光帝晚年的一个春天，道光帝命令诸皇子们随驾到南苑去围猎。围猎是清朝时期尚武传统的一项活动，而道光帝将皇子们带去围猎，其实也是想检验皇子们的骑射本领。武艺超群的六皇子自然是出尽了风头，在围猎中获得了最多的动物，而四皇子却只是站在一旁，一箭不发。这是怎么回事儿呢？原来，四皇子早就明白自己的骑射本领不如六皇子，所以在去围猎之前便去请教他的老师杜受田。善于揣摩道光心理的杜受田给四皇子出了一个高招：在围猎的时候千万别发一枪一箭，而且还要约束手下的人不得去捕捉动物，如果皇帝问起为何这般，就回答说现在正值春天，是万物孕育的季节，不忍心将其伤害，更不愿用这种方式与诸皇兄皇弟们竞争。

四皇子依照老师杜受田的计划而行，一番话下来，果真使道光帝非常高兴，不禁赞叹道，这才是具有帝王心胸的人该讲的话啊。因为这件事，道光帝内心里因选太子而不定的天平有些偏向了四皇子。另一件事情的发生让道光帝更加确定要将皇位传给四皇子。

一次，道光帝召见四皇子和六皇子一起讨论国事政务。两个皇子接旨后都分别去请教自己的老师。六皇子的老师卓秉恬是一个很有才气的人，而且好发议论，卓秉恬告诉六皇子，当知无不言，言无不尽。而另一面四皇子的老师杜受田却告诉四皇子说，如果谈论国事政务，你一定比不过六皇子，唯有一策，如果皇上说到自己年老体病，将不久于皇位，你一定要跪在地上难过流泪，以表孺慕之诚。四皇子对老师的话言听计从，召见那天，当道光帝说到自己年老体病的时候，四皇子跪地痛哭流涕，这一幕使道光帝十分感动，深感四皇子的仁孝之心。

最终，道光帝封四皇子为皇太子，封六皇子为恭亲王，并立储诏置于镭匣，而这也是绝无仅有的一匣两谕。

在奕詝继位初期，奕訢一度得到重用。后来，奕訢希望可以尊自己的生母为皇太后，咸丰帝却一直保持沉默不应许，奕訢不肯罢休，更是几次奏请为生母加封。咸丰帝却认为，奕訢的生母康慈皇贵太妃虽然抚养了自己，但她并不是自己的生母，所以不应该被封为皇太后。兄弟二人的感情因此而逐渐疏远起来。后来皇太后去世，咸丰帝更是以奕訢办理皇太后丧仪有诸多疏漏为借口免去了他军机大臣、宗人府宗令、正黄旗满洲都统等职务。

2. 洋务运动的倡导者

辛酉政变后，奕䜣成为清廷中主持洋务的首脑人物。为了达到富国强兵的目的，奕䜣推动了洋务运动。在地方上，他重用曾国藩、左宗棠、李鸿章等一批洋务派官僚。洋务运动为中国近代工业和中国教育的进步作出了贡献。并且，奕䜣还是晚清新式外交的开拓者，建议并创办了中国第一个正式外交机关，使清朝外交开始步入正轨并打开新局面。他的努力，暂时挽救了清朝的危局，迎来同治中兴。

然而洋务运动的发展并不是一帆风顺的，而是面临着重重的阻力。在清廷内部，存在一批顽固派，他们气焰非常嚣张，一些洋务派官僚受到排挤和打击，这是和慈禧的纵容分不开的。

后来，奕䜣因受慈禧猜忌，被罢去议政王职务。

3. 庆王府内部的改动

咸丰皇帝将庆王府赐给恭亲王奕䜣后，他将"延禧堂"改为"多福轩"，并亲题匾额。恭亲王在此会见中外政要，处理军国大事。1860年，英法联军攻入北京，恭亲王奕䜣就在此处与英法代表谈判。多福轩见证了《北京条约》的签订始末。因其特殊的历史价值，联合国教科文组织曾为修复恭王府拨款 5 万美元。

恭王府历经了清王朝由鼎盛而至衰亡的历史进程，承载了极其丰富的历史文化信息，故有"一座恭王府，半部清代史"的说法。

宫墙上闪现出古装的身影

作为乾隆时期重臣和珅、庆郡王永璘和恭亲王的府邸，偌大幽深的恭王府在人们心中必然充满了神秘感。

据说在恭王府，曾经有人目睹清朝宫女、太监出现在院子里，影子多次出现在门口的照壁上。

有人解释说，石墙曾经涂有含四氧化三铁的涂料，现在使用的磁带中也含有这种化学成分，具有记录的功能。打雷闪电时，闪电能把电传导下来，只要有人碰巧经过，石墙就起到录像带的功能。于是，穿着古装的人的身影就留在了石墙上。

也有人驳斥这种说法完全是无稽之谈。首先，石墙上通常不会涂任何涂料；其次，清朝的涂料是否含有四氧化三铁并没有得到证实。

心理专家认为，目击者很可能是因为长期身处旧时王府的环境中，再加上听到的一些相关传闻，造成某种心理暗示，觉得自己见"鬼"了。

恭王府花园是大观园吗

大观园是《红楼梦》所创造的一个典型环境，它是作者凭空创造的，还是有生活原型？这一争论的历史已有二百多年。有的红学家说在清乾隆年间，江南文人袁枚家的"随园"（原名"隋园"）似乎和大观园有关；有的则说曹家在南方的江宁织造府的花园"楝亭"是大观园的原型；有的也说恭王府是大观园的原型等等。

《红楼梦》第 17 至 18 回，宝玉与众姐妹奉元春之命为大观园题咏，宝钗有一首七律，首联云："芳园筑向帝城西，华日祥云笼罩奇。"后人正是据此寻觅"帝城"——北京城西各个旧王府邸，经过实地考察和文献推论，有一些人提出了恭王府就是大观园的原型一说。

关于恭王府花园，过去曾有红学家著文，说这里就是曹公笔下的"大观园"。如著名红学家周汝昌认为："曹雪芹笔下的荣国府大观园，其地点即是北京什刹海稍西的恭王府。"

不管怎么说，如果说曹雪芹有借鉴的话，就是参考了我国的造园艺术的几千年精华。因在清乾隆时期，我国古典园林的造园艺术已达到了顶峰，皇家有畅春园、圆明园及"三山五园"等，王公大臣的名园有礼王府花园、索家花园、明珠花园等。而我国南方的苏杭、南京、无锡等城市，具有江南风格的名园更是遍布，著名的像拙政园等，其例浩瀚如海，举不胜举。

两千余件珍贵文物永遁日寇之手

恭王府中除了豪华的建筑、美丽的景色，更是有大批的珍稀文物，当年和珅在聚敛钱财的同时也收藏了大量的文物，而恭王府的另一个主人奕䜣，作为同治帝的议政王，不仅是个琴棋书画皆所能的雅士，而且还擅长鉴定和收藏砚台。就这样，两位收藏家"主人"让有着二百年历史的恭王府成了一座庞大的宝库。除此之外，王府内亲王及其家眷曾使用过的各种生活用品也是极具有文物价值的。尤其是那些家具，更是历史文化的珍品。

恭王府的最后一位主人是恭亲王的孙子——小恭王溥伟。其实，每一座王府最主要的经济支柱就是在周边县内所拥有的大量财产，而最有价值的财富形式便是土地。恭王府拥有分布在直隶省一百余州县内的七千多顷土地，在关外还有四大庄头，每个庄头不下千顷土地。清朝灭亡之后，溥伟为了复辟清廷的梦想，不择手段地去筹措资金，在短短二十余年的时间内，几乎卖掉了恭王府的全部财产。

1912 年，日本人将恭王府内除了字画外的所有设施、器具几乎一次性全部吞购。当时流出的文物大约有两千件，分别在英国和美国拍卖后流失海外，不知去向。而这也是恭王府文物流失规模最大的一次，由于当时的变卖活动又没有留下有价值的文字资料，所以目前，这些珍贵的文物多数已经失去了下落。

20世纪20年代，恭王府本身也在溥伟、溥儒兄弟的手中抵押给了西什库教堂。

2004年秋，时任中山商会总经理在日本大阪中商会总部的档案室里找到了一本1913年在纽约举行恭王府文物拍卖会的英文版拍卖图录——一本蓝色硬皮书，上面有烫金字样"纽约1913年AAA恭亲王竞卖"。原来，当年被日本人吞购一空的文物，隔年便在美国被拍卖一空。

英亲王府——孔德学校前身

1. 地理位置

英亲王府位于东华门大街路北。

2. 王府主人

爱新觉罗·阿济格，中国清代亲王，清太祖努尔哈赤第十二子。清初名将。

谋乱夺政——英亲王

历史眼中的英亲王

英亲王府的主人是中国清代亲王爱新觉罗·阿济格，清太祖努尔哈赤的第十二个儿子。

阿济格与多尔衮、多铎为同胞兄弟，阿济格一生骁勇善战，在戎马倥偬中度过了自己的一生，是清朝著名的开国功臣。而阿济格虽然一生功勋显著，却是有勇无谋。后来因为"悖乱"之名而被处死，以这样不光彩的结局结束了自己功勋显著的一生。而关于英亲王谋乱夺政究竟是怎么一回事儿呢？时光追溯到顺治七年（1650）冬天的时候，那时多尔衮率阿济格等往边外围猎，到了年底，多尔衮病危，而多尔衮也清楚自己已经快不行，便独自召回阿济格秘密议论后事。

多尔衮死后，阿济格想当摄政王，便暗中派人将他的儿子劳亲招来，命令劳亲率兵，并且嘱其不要把多尔衮病死及调兵的事情告诉诸王。与此同时，他又胁迫多尔衮所管理的两个白旗大臣附己，但却被遭到拒绝，阿济格便以兵戎相威胁。无奈之下，两个白旗大臣只好向郑亲王济尔哈朗告发阿济格——欲趁丧乱谋权夺政。而另一面，跟随多尔衮围猎的大学士刚林也早已察觉到阿济格的意图，他日夜兼程策马七百里抵达京师告发了此事。清廷得知后立即关闭九门，并在阿济格回京的必经之路——德胜门外派驻重兵，以防不测。

不久，多尔衮柩车回京，行至石门的时候，阿济格与其子劳亲合军，并令部下大张旗帜，围着丧车而行。顺治帝亲自率领诸王、大臣们在德胜门外迎柩车。阿济格父子坐在前面。济尔哈朗等见到阿济格身带佩刀，举动诡谲，派兵紧密监视，并将其随从三百骑全部诛杀，从而粉碎了阿济格的兵变计划，避免了一场可能发生的动乱。

议政王大臣会议阿济格罪名，并将阿济格幽禁，其子劳亲被革去王爵，降为贝子。在幽禁期间的阿济格，非但没有一丝收敛，反而益加狂暴无礼，做出监房内私藏大刀、暗掘地道、声称放火烧毁监房等荒谬的事情。

不久，朝廷判阿济格悖乱已极，被立即处死。

一个日本人眼中的英亲王

英勇善战、有勇无谋、谋朝篡政……历史将这些代名词附属在英亲王阿济格的身上。而一生轰轰烈烈的英亲王究竟是怎样一个人呢？长什么模样（目前还找不到阿济格的画像）？何种性格？怎样的气质？下面，让我们来听一听一个来自日本的商人——竹内藤右卫门所看到的阿济格吧。

"是一个年纪五十几岁，脸上有麻子，眼睛总是瞪着，让人见了就害怕。性格极其暴躁，没什么头脑，遇事也是不加考虑，所以皇帝也不给他什么政务。他是个很勇猛的人，在战场上，攻城的时候，只要一动手，非打胜不可。"这是竹内藤右卫门对阿济格的描述。"五十几岁？"事实上，那一年的阿济格不过才 39 岁，还不到 40，可能是因为在外常年征战，才会使阿济格看起来过早地衰老。而至于"脸上有麻子"，其实这是极其珍贵的历史资料了，中国人一向为尊者讳，所编著的正史里怎么会说一个亲王的脸上有麻子？其实这个"有麻子"是因为在阿济格年少的时候曾侥幸地躲过了一次天花，在清代的皇子中，因为天花而丧命的有近百人，而幸运的阿济格却躲过了。就在这个日本商人走后的第五年，阿济格的弟弟多铎就死于了天花。

阿济格一共有两个同母的兄弟——多尔衮、多铎，母亲为清太祖努尔哈赤的大妃阿巴亥。在阿巴亥所生的这三个虎子当中，阿济格是最没有心计的，所以被人评论其"有勇无谋"也是有根据的，其次是他的弟弟，多铎。最有思想，最有雄才大略的，自属是多尔衮，其思想不光高于两个同胞兄弟，而且还几乎高出了整个大清王朝。我们再说回阿济格，竹内藤右卫门所见到的"眼睛总是瞪着，使人见了害怕"，其实刚好惟妙惟肖地刻画出了阿济格的性格特点——毫无心机，有勇无谋。

"他是个性格粗暴的人，没有什么头脑，遇事不加考虑。"而竹内藤右卫门的这段话更是与清史中所记载的那位"剽悍少爷阿济格"完全吻合，这也就是最后阿济格为什么会以"悖乱"之名这样不光彩的事件而结束了自己原本功勋卓著的一生的根源。

其实，从竹内藤右卫门口中对阿济格的另一番描述中，我们又会看到一个与正史中那个桀骜不驯的英亲王所不同的阿济格。

"有一次，在攻城时，城内请求投降，皇帝也答应了，可是巴图鲁王子不同意，进城还杀了很多人。这样的过错，使他被降职削官。他明白这是国家的法令，不管怎样，都应该认真遵守。像这样的做法，他没有意见。"这是日本商人竹内藤右卫门所讲的一件阿济格的事迹，想必，这件事情一定是阿济格讲给他听的。更是反映出了阿济格胸无城府的性格——即便是面对一个外国来宾，他也是口无遮拦地谈着自己不光彩的事情。而这段话又反映了阿济格遵纪守法的观念。看得出国家法律在这位野心十足的亲王心中的地位。至少，在多尔衮活着的时候，阿济格是可以摆正自己的位置，对这个让他折服的弟弟言听计从。

竹内藤右卫门对阿济格的记录不仅如此，他甚至还曾见到过阿济格赛马时的飒爽英姿。

蓝天白云，宽广的草原，身穿铠甲的阿济格骑驾一匹纯色的骏马，无论是翻山越岭还是飞跃河流，阿济格都如履平地。仿佛一只快乐的鸟儿在自由地飞翔。而在奔驰当中，阿济格更有挺身射箭潇洒的动作，精炼的箭术，还未等竹内藤右卫门反应过来，箭已命中红色靶心。

由此可见，阿济格在业余时间里并不是呆板之人。阿济格酷爱玩马，他的马匹之中更是不乏名贵品种：三河马、乌珠穆沁马、乌审马、科尔沁马、鄂伦春马等等。

从英亲王府到孔德学校

在明代的时候，英亲王府的位置属光禄寺，英亲王因"谋权摄政"的罪名被抄家赐死后，英亲王府内的房舍便继续为光禄寺所用。清末时期，皇上已经没什么心思招待文武百官吃饭，或进行祭祀活动了，特供厨房也就这样逐渐地失去了用场，后来便成为了宗人府的一部分。

直到1917年，蔡元培和北大教授们创办了一所新型学校——中法大学的预备学校。学制分为初小、高小和中学。学生自小学五年级开始学习法文，优秀生毕业后可以赴法国深造。因为办学经费由中法教育基金委员会拨款，所以学校的名字以法国哲学家孔德命名，称为孔德学校。

1928年，政府拨宗人府为孔德学校校址，面积共20亩，是当年英亲王府的一半。1952年，孔德学校划分为三部——东华门幼儿园、东华门小学和二十七中学。该校社会实践较多，曾参与了建国35周年国庆游行、中山公园五一游园会执勤、天安门金水桥清洗、大会堂宋庆龄遗体告别、北护城河清淤等活动，并多次经东华门集体参观故宫。

如今，英亲王府的旧物，只剩下门口三块直径一米高的石墩了。

豫亲王府——围墙最高的王府

1. 地理位置

豫亲王府位于东城区帅府园东口，北京市东城区帅府园一号，今天是北京协和医院所在地。如今除去豫亲王府门前的两个石狮子还蹲在协和医学院的大门口，已无其他遗迹可循。

2. 王府主人

豫王府最早的主人是多铎，他是清太祖努尔哈赤的第十五子，与摄政王睿亲王多尔衮、英亲王阿济格为一奶同胞。此后世代绵延有 13 个王承袭豫亲王爵位。

多铎——显赫、功勋与罪恶

豫亲王府的第一任主人是多铎，多铎是清太祖努尔哈赤最年幼的儿子，禀性刚毅，能征惯战，因为是努尔哈赤最小的儿子，努尔哈赤对他是宠爱有加，可想而知，多铎幼时恃宠而骄的性格。根据女真族的继承权的习俗，未分家的嫡出幺子是有权继承父亲的所有财产的，所以，多铎从小的地位就是相当显赫的。太子代善被废后，努尔哈赤宣布八王议政制度，当年只有 7 岁的多铎和年仅 9 岁的多尔衮被和立为和硕额真，成为了在四大贝勒、德恪类、济尔哈朗和阿济格之后满洲地位最高的贝勒之一。而比他们功勋显赫的其他兄长们都没有这样的政治地位，可见阿巴亥母子的受宠程度是怎样的。到了 1624 年的元旦朝贺礼上的时候，汗王的政治地位就从朝贺的列次中体现出来了。当时还未满 10 岁的多铎排名在第七，这个地位甚至比四大贝勒、阿济格和比德恪类、济尔哈朗还要靠前。后来多铎受封豫亲王，掌礼部事。此后，多铎更是在进攻朝鲜、大明、蒙古等大大小小的战役中屡立战功。

在清朝诸王当中，多铎是最为特立独行的，而他的这种率性而为的性格，同他幼年时一昼夜间丧父丧母所遭受的心理创伤是有很大的关系的。当时的多铎只有 13 岁，从那之后，多铎的表现开始性情乖张，行为荒唐，这让继承了汗位的皇太极伤透了脑筋。在电视剧《孝庄秘史》中，虽然将多尔衮与孝庄的爱情描绘得有悖于历史，但当中多铎的个性倒是同历史上的多铎很相似——反抗权威、率性而为。后来，因为多铎的各种荒谬行为和在一次作战中的失利，皇太极召诸王大臣历数多铎的罪名，并将其降为贝勒，罚银万两，夺所属牛录（牛录制是满族的一种生产和军事合一的社会组织。满族的先世女真人以射猎为业，每年到采捕季节，以氏族或村寨为单位，由有名望的人当首领，这种以血缘和地缘为单位进行集体狩猎的组织形式，称为牛录制）的三分之一分给其兄弟多尔衮，既不准参与议政治，也不准其插手管理六部的事物。这在当时是很严重的处罚。后来到了顺治年间，松锦大战上，多铎立了战功，晋豫郡王。后又立战功，晋为亲王，恢复了原有的爵位。

顺治二年（1645）时，多铎率军进攻河南，很快，河南的大半地区便被其收降，清廷更是对多铎大加奖赏。江北诸镇也先后被多铎率领的军队占领，河南将领史可法急速退守扬州，多铎挥师南下，仅用了 12 天的时间便兵至扬州，七天时间强攻扬州城，扬州军民虽然势单力薄，但依旧顽强抵抗，这使清军攻城受阻，无奈之下，多铎企图招降明军统帅史可法，连发信函，却均遭史可法严词拒绝。于是，多铎便下令用红衣大炮攻城，摧毁了城内军民的顽强抵抗，史可法自杀未成，被清军俘虏。史可法表示，自己是明军败将，唯有一死，但扬州百姓是无辜的，请清军善待。而多铎听后却没有答应史可法临死前的请求，下令将其处斩后，便开始血屠扬州城。就这样，昔日江南繁华名城，瞬间成了横尸遍野的人间地狱，而这，便是历史上著名的"扬州十日"大屠杀。攻陷扬州城后，多铎军队继续攻陷江南各地，一旦遭遇抵抗，便大肆屠杀，残暴至极。

南明的临时政府因为根本就没有什么抵抗的能力，所以当多铎率领的清军一到便迅速投降。就这样，清军继续推进，抵达南京城下。在入南京之前，多铎事先派人四处张贴告示，告其南明官员们史可法殉节、扬州城血洗十日的恐怖结局。就这样，23万人守卫的南京军队全部放下武器投降，官员们在多铎军进入南京的时候更是冒着滂沱大雨跪在道边受降。次日，南明临时政府的官员们更是在多铎面前朝贺献媚，将官职贴堆成山，想在改朝换代后混得一官半职，实在是节气尽失。

之后，多铎在南京实行了一系列收买人心、缓和矛盾的政策。去拜谒了明孝陵（朱元璋的墓），表示他对刚覆灭的前朝和它的开国皇帝表示尊重。与此同时，多铎更是下令优先抚恤史可法的家属，并在扬州为史可法建立祠堂，谥为"忠烈"——称"史忠烈公"，以表彰史可法的忠节。

江南百姓其实早就饱受南明临时政府的暴政之苦，在无力抵抗新统治者的同时其实对其也是抱有很大幻想的，再加多铎又是以残酷的镇压和屠杀去渲染恐怖的气氛，后又以相对宽松的政策去笼络人心，这些综合的因素，使得多铎率领的军队轻而易举地便占领了全国最富庶的江浙全境。

顺治三年（1646）的时候，蒙古苏尼特部反清出廷。同年五月，多铎被命为扬威大将军，偕同承泽郡王硕塞于克鲁伦河集外藩蒙古兵，北上追剿苏尼特部，并于十月大胜回朝，顺治帝更是出安定门迎接，次年，多铎被加封为辅政叔德豫亲王。36 岁时，多铎患天花，不治而亡。多尔衮得知弟弟去世的这个噩耗之后更是从前线回到京城，为弟弟举行了隆重的葬礼，立碑记功。

顺治九年（1652），因为同母兄多尔衮的缘故，多铎被连累追降为郡王。康熙十年（1671），被追谥豫郡王为"能"。直到乾隆四十三年（1778）的时候，多尔衮被昭雪，多铎也被同时命复多铎亲王及其封号，配享太庙。

多铎的一生在军事上取得了巨大的成功，可他杀戮无辜百姓、平民，犯下的罪行数不胜数。历史上，每一个动荡的年代都会有英雄和罪犯的出现，而多铎便是这个动荡的年代里英雄与罪犯的结合个体。

豫亲王的"豫"字据说是满语中的音译即为"勇猛"。多铎的王爵，在康熙十年（1671）的时候由郡王恢复为铁帽子豫亲王，一直传到清末。

一个日本人眼中的豫亲王

在介绍英亲王府的时候，我们谈及 1644 年那个来自日本的商人竹内藤右卫门，他见到过阿济格、多尔衮、多铎，下面让我们来听听他眼中的多铎是什么样子的吧。

竹内藤右卫门见到多铎的时候只是匆匆地打了个照面，而多铎好像也并没有理会他，更未容他细看。但只是这匆匆的一眼，竹内藤右卫门却也看了个八九不离十，他这样评价多铎，说道："十王子，是九王子的弟弟，传说他和八王、九王、代善，都是屡立战功的人。他是三十岁左右的人，很像是个有学问的人……"

"很像是个有学问的人……"也就是有头脑的人，这一点，多铎与他的哥哥阿济格不大一样，虽然都是同样的骁勇善战、势不可挡，但因为多铎的这个"有学问"，所以他比那些鲁莽的亲王们更加具有文人色彩。而多铎，的确是努尔哈赤16个儿子当中最异彩纷呈的一个王爷。

入关前，太宗皇太极向大臣们询问明朝、朝鲜、察哈尔这三个地方该先攻打哪一个，皇太极是一个十分重视大臣们意见的人，并且善于采纳，所以郑重其事地下诏来询问这件事情。多铎听后第一个站出来回答说：我军并不是害怕打仗，可仅仅是在山海关外打，不一定会确保成功，打山海关与打燕京，都是一样的。我认为，该直接打入山海关，这是全体官兵的愿望，也是久远的计划。朝鲜已经与我们议和，不要急于去打，至于察哈尔，也暂时不要去动，现在的我们该去攻打明朝。多铎的这番话让皇太极彻底下了全面入关攻打明朝的决心，而也是因为这番话，才有了清朝今天的定都北京的一页。

竹内藤右卫门听了多铎的事迹之后心中不由暗暗佩服，心想：多铎对时局看得是多么准确，又是那么大胆地选择战机会。这些话，是阿济格说不出来的。

其实，努尔哈赤是一个非常重视子女教育的人，早在1589年的时候，努尔哈赤就将俘虏来的明朝学者龚正陆尊为上宾，让他教自己的孩子们读书学习，但至于后来皇子们身上的学问多少，纯属个人的天资和悟性决定的。

清代所有王府门前唯一一对卧狮

即使是今天，当您走进北京东单北大街西侧的北京东单三条胡同，走过协和医院南门时，仍然能够看到旧协和医院古老的门楼及其大门两侧的一对石头卧狮,这对卧狮就是当年豫亲王府拆除时留下来的唯一物件。

在北京众多的王府当中,门前都摆放有石狮,但大多数都为蹲姿,只有豫亲王府门前的这对石狮是一对抬头匍匐的"卧狮",这是为什么呢?这就与王府的第一任主人——多铎的善战经历有关了。

当顺治皇帝入关定鼎北京城之后,但天下还尚未统一。当时摄政王多尔衮正想遣将收复明朝余地的时候,收到了来自多铎和英亲王阿济格的捷报,他们二人在追杀李自成时一路上陆续攻下灵宝、洛阳、绥德……西安。多尔衮大喜并奏请顺治皇帝下旨封多铎为定南大将军。

接下来,多铎又受命统军南下取江南残余的明朝之地,江南捷报不断传入清廷。多铎从北到西,从西到南,常年征战,屡立战功。据说,顺治皇帝为嘉奖这位劳苦功高的将领,特下旨赐豫王府门前的狮子是"卧狮",意即多铎为朝廷征战劳苦,如今天下已定,他应安享清福了。

豫王府的院墙为何加高三尺

豫王府现在虽然已经看不见了,但是在老北京的话中依旧有"礼王府房,豫王府墙"之说。这也就是说,在礼王府当中房子很多,而在豫工府当中的墙要比别的王府高很多。那么,这豫王府的墙要比别的王府高多少呢?整整三尺。可能从现代的角度来理解并不会觉着豫王府哪里特别,不过是墙高三尺而已,有什么稀奇。但在等级森严的清代这可绝对是逾越祖制的,要被发放宁古塔,永不录用,严重可能还会被杀头。可豫王府却没事,这到底是为什么呢?下面让我来为大家揭开这个谜题。

故事发生在乾隆年间,要说到这乾隆皇帝,在中国的历史上可是一个承前启后、了不起的好皇帝，不仅能吟诗作画，还善骑马射箭，可谓是文武双全。在他的领导下，大清朝是政通人和、百废俱兴。如此优秀的统帅，在下象棋上，乾隆帝也是一等一的好手，虽不能说是天下无敌，但也是经常难逢对手。当然，对手只是"难逢"，但却不是"不逢"。那乾隆帝的对手是谁啊？他不是别人，正是我们豫亲王府中的第四代小豫王。这乾隆帝与小豫王在一起下棋经常是忘了时间，杀得昏天暗地，直到难解难分时两个人才肯罢手。论棋力，两个人其实是各有输赢，棋逢对手。所以，乾隆皇帝更是经常来找小豫王下棋。

有一天，乾隆帝又来找小豫王下棋。二人很快摆好棋盘，开始了第一盘的对战。这一盘乾隆帝的棋势特别好，所以内心也是暗暗高兴，而正当这时，小豫王也是破天荒地提起了论成败的赏罚。只见小豫王手摸着胡须，对乾隆帝说道，皇上，我们君臣二人已经下了这么多次的棋了，总是难分胜负，这一次我们两个人可不能白下，总得分出了胜负出来，比个高低。我们来赌点什么把。乾隆帝兴致正高，见小豫王这样的要求更是十分感兴趣，说道："好啊，那你说说，我们赌点什么？"小豫王略加思索后说道："皇上，您要是输了就得给我加一份俸禄，要是我输了您就抠掉我大门上的一颗门钉（那时王府大门上的金钉依制定数是级别荣誉的明显标志。抠门钉等于降级。）乾隆帝正玩在兴头上，不假思索地便依了小豫王的"赌注"。

输赢条件交换好，二人便开始认真下起起来。乾隆帝就是乾隆帝，第一盘杀得小豫王是片甲不留，赢得了第一盘的胜利。摆阵的小豫王面对残局，对乾隆帝说，皇上，这一局我输了，您抠掉我门上的一颗钉子吧。不过，我们可不可以再来一盘？兴致正浓的乾隆帝见状自然答应，就这样，两个人昏天暗地地杀了十盘，各胜五盘，打了个平手。但按照先前的输赢约定，这十盘棋小豫王赢了五盘，所以要被加五份俸禄，乾隆帝赢了五盘，所以抠掉豫王府大门外的五颗钉子。这乾隆帝方才认识到自己吃了亏并想反悔，可堂堂天子岂有说话不算数的道理，没办法，只好勉强答应。

乾隆回到宫中，想着白天和小豫王下棋的情形，越想越生气。暗自说道，好你个小豫王，竟然下套让我往里钻，你输五盘我只是抠掉了你大门上的五颗钉子而已，可我输了你五盘却要给你加上五份俸禄，我这不是冤大头么？不行，我得治你的罪。于是乾隆帝便想提笔下旨治小豫王的罪。可刚要提笔却想到，这祖上可是有规矩，八大铁帽子王不能加罪啊。这让乾隆心中十分不舒服，治罪吧，那是破坏祖上的规矩，万万不可；不治罪，自己心里还憋屈。那该怎么办呢？乾隆帝灵机一动，第二天的时候召来了小豫王，说道，昨日下棋我们二人各胜五局，既然这样，那朕也不赏你，也不抠你门钉。这样吧，朕准你府墙加高三尺。因为府墙的高低是代表了级别，加高墙代表着赏赐荣耀，所以小豫王很高兴地接旨加高了底墙。

其实后来小豫王才明白，加墙实际上是把自己禁锢得更严实了。

由此北京城就留下了"礼王的房，豫王的墙"之谚语。现在，那里已是高楼林立，昔日的王府旧景已荡然无存。

挖出银子的豫王府

豫王府建筑宏伟，格局严整，占地面积有20000多平方米，是清朝最大的王府之一。而在豫王府当中，曾经还被挖出过银子，这又是怎噩梦一回事儿呢？下面让我们了解下。

再辉煌的过往终究也抵不过历史莫测的变迁。多少曾经的王族贵胄都因为某些事件而一夜之间落魄，还不如平民？在我们的豫亲王府里，就上映了这样的"灾难"。

豫王府从第一代豫亲王多铎到最后一代共封袭了13个王，历时

275 年。王府中无数的王孙贵胄享受着老祖宗留下来的余荫。然而到了民国，随着辛亥革命的爆发，这也王孙贵胄们的好日子也就好到了头。王爷封号不能世袭罔替了不说，就连朝廷给的俸禄都是少得可怜。曾经终日在王府中吆五喝六的贵族王孙们，哪里经得起这样的变迁？没有钱又没有出去赚钱的能力，怎么办？眼看就要活不下去，便打起了主意，卖老祖宗留下的东西。先是偷着卖老祖宗的收藏，收藏卖得差不多了就惦记起了这老祖宗的房产了。王府中一大家子的人，卖了老祖宗的房子分了钱财各自散去，也不失为一个好主意。那么，说干就干，王府的儿孙们开始合计，要卖掉祖产。

但这偌大的豫王府祖产岂是说卖就能卖得掉的？贵族都落魄到要变卖祖产，何况是平民百姓？中国人买不起，那就卖给外国人。最后，拥有近三百年历史的豫亲王府以极其低廉的价格——12.5 万美元整体出售给了美国的石油大亨洛克菲勒。双方立了字据，数清了银子，王府上上下下开始搬家。

眼看家就要搬完了，这时府里一个已经没有什么劳动能力的老仆人急忙地找到了少福晋。这个老仆人曾经是伺候老王爷的，因为岁数大了，主人家念其有功，于是便把他养了起来。这老仆人急急忙忙地找到少福晋，什么事儿呢？

老仆人找到正在指挥搬家的少福晋，顾不上擦干脸上的汗水便开口问道："少福晋，咱们这豫王府就这么给卖了？"

"是啊，卖了，没见正搬家呢么？"少福晋对老仆人说。

"哎呀，那咱王府的银窖挖出来没有？"

"银窖？什么银窖？"少福晋一听"银窖"顿时慌了手脚。忙让老仆人讲明是怎么一回事儿。

原来，这个老仆人很小的时候便来到了豫王府服侍老豫王，那时豫王府的银子特别多，多到什么程度？王府里根本都已经摆不下，所以王府里的人便将银子埋藏在了地里。几十年下来，王府里的人就渐渐忘了地里还有银子的事儿。直到搬家这天，老仆人才想起。

可这王府都已经卖给了美国人，埋在地下的银子该怎么办？而这件事情又很快传到了美国人的耳朵里。正当少王爷筹划着和几个壮丁偷偷掘地三尺将银子挖出来的时候，美国人却带着官府的人和字据杀上门来。少王爷是活活吃了个哑巴亏，谁让他当初没打听好王府里的财产呢，如今这房子都是美国人的了，还挖什么埋在地下的银子啊？只能卷铺盖走人了。

后来美国人用王府里挖出的这些银子修建了协和医院，还购置了最先进的医疗设备，成为当时中国最好的大型综合医院。其实，那纯粹是用中国人自己的钱建造的。

睿亲王府——多尔衮的府邸

基本概念

1. 地理位置

一处位于东华门大街迤南普渡寺一带，另一处在外交部街。

2. 建立时间

顺治年间。

为什么会有两座睿亲王府

一直到清朝末期，京城约有五十余座王府，有两处或者三处的王府却是寥寥，而睿亲王府便是这"寥寥"中的一份子。

睿亲王府共有两处，一处在东华门大街迤南普渡寺一带，另一处位于外交部街。二者的分别是什么呢？原来前者为多尔衮进京后的府邸，而后者则是在乾隆年间恢复睿亲王位后其后嗣子孙的府邸。

睿亲王多尔衮

说到睿亲王府可能不会有太多人知道，可要是说到它的主人，想必大家一定熟悉不过了，他就是清太祖努尔哈赤的第十四个儿子——多尔衮。多尔衮是一个怎样的人呢？他在历史的舞台上又扮演了怎样的角色？有着怎样的影响呢？下面让我们来了解一下睿亲王多尔衮。

历史中的睿亲王

1. 少年从征

多尔衮的父母死的时候，他才15岁。父母早丧，这对年少的多尔衮来说是最大的不幸，而这也对其一生的成长和政治生涯上产生了深远的影响。

就在多尔衮母亲死去的第二年，多尔衮就随着他的皇兄皇太极进军蒙古察哈尔部，因为多尔衮征战有功，所以皇太极赐给他"墨尔根戴青"的美号，而这年的多尔衮才16岁。

皇太极在位期间，多尔衮几乎参加了所有的重大战役，逐渐成为了杰出的军事统帅。他总是亲自冲锋陷阵，在攻打大凌河城的战役中。因为多尔衮的冲锋陷阵让皇太极怒责他的部下不加劝阻，说："墨尔根戴青也冲锋而入，倘有疏失，必将你等处以严刑，断不宽容！"

皇太极在征服与招抚蒙古各部的时候，唯独察哈尔部在林丹汗的率领下不肯降服，始终采取着对抗与周旋的态度。天聪八年（1634）的时候，林丹汗因天花去世，皇太极看准这一时机，第二年便命多尔衮率精兵万人前往黄河河套地区招抚察哈尔部众。此次进军，进展顺利，多尔衮更是将林丹汗曾得到的元朝传国玉玺呈献给了皇太极，玉玺上面有"制诰之宝"四字。群臣奏请皇太极尊号称帝，多尔衮也被晋封和硕睿亲王，更加受到重用。

2. 定都北京

后来，皇太极猝死，因为其生前未立嗣子，因此，郡王阿达礼、贝子硕托劝多尔衮自立为皇帝。多尔衮诛杀阿达礼、硕托，与诸王、诸贝勒、群臣奉福临（爱新觉罗·福临，即顺治帝）即位。并与郑亲王济尔哈朗左右辅政，等福临年长后，当即归政。多尔衮就这样顾全了大局，虽然没有得到皇位，但却也不是这场斗争中的失败者。多尔衮拥立六岁的福临登基，一切实权就掌握在他手中了，并与济尔哈朗商议罢黜诸王贝勒在六部的官职。顺治元年（1644）的时候，多尔衮禁止外国馈赠礼物给清朝的诸王贝勒们。济尔哈朗谕各个大臣们如果有事上奏要先奏请摄政王多尔衮，在书写名字的时候，要多尔衮亦先之。因为多尔衮的专政，他成为了实际上清朝统治的最高统治者。

李自成率领的农民起义爆发后，明朝政权风雨飘摇。当权的多尔衮得知后，立即决定入关争夺政权。而就在这个时候，镇守山海关的明总兵吴三桂本来已经向农民起义军投降，但因为不满意起义军对他家属的侵犯而起身反抗。李自成得到这个消息后遂与刘宗敏率兵前往征讨。吴三桂清楚自己的实力根本不敌起义军，于是便向清朝请求出兵援救。农民起义军抵达山海关后，与吴三桂展开了激烈的斗争。吴三桂眼看自己军队就要战败，便即刻出关去欢喜岭上的威远台拜见多尔衮，请求清军的再次援助。多尔衮遂下令清军分三路入关，向农民起义军发动其猛烈的进攻。如此阵势，起义军自然敌不过，刘宗敏还因此在抗战中受伤。李自成见此情景，只得下令撤退，并返回北京。

随后，李自成在武英殿举行了登基大典，第二天便以"郊外祭天"为名而撤出了北京城。两天后，清军进入北京城。多尔衮经与诸王贝勒大臣们商议决定，将都城迁至燕京（北京）。

清廷之所以将都城迁至北京，即是出于"弹压中原、雄霸九州"的长远目光，也是基于"退可出关外"的战略考虑。以多尔衮为首的清廷认为，要"以图进取"，所以必须迁都至北京，因为只有占据这个关口才能进而统一全国，以后的基业才能更牢固。顺治帝从沈阳到达北京，并封多尔衮为叔父摄政王。从那以后，清王朝便以北京为都，开始了长达295年的统治。

3. 统一中原

清军进入北京后，阿济格被授命为靖远大将军，同平西王吴三桂、智顺王尚可喜等部三万余骑，从大同经榆林、延安迂回进攻大顺军（李自成军）。多尔衮又命多铎为定国大将军，率领孔有德、耿仲明所部进军江南。因为此前李自成为了扭转其在山西、河南的颓势，自十月十二日起便开始反攻，并打败了清军。多尔衮得知这一消息后，遂命正在南下进宫的多铎转兵向西，先解围怀庆，然后再由河南渡黄河，联合阿济格，与其两路兵同时进攻大顺军，形成南北夹攻之势。李自成亲自率领刘宗敏、刘芳亮等精锐部队，一路北上，准备与阿济格军于陕北决战。多铎率军进攻至陕州（今河南三门峡西），并于灵宝境内击败大顺军后趋向潼关。李自成闻讯后也急忙率兵掉头赶赴潼关。清军为了保证此次战役的胜利，于是便增调部队援助在潼关的清军，更是调来了红衣大炮加强装备。就这样，清军与大顺军在潼关展开了激烈的争夺，最后将大顺军击败。与此同时，阿济格率领的北路军也是一路过关斩将，与多铎的会师西安指日可待。见如此战势，又是南北受敌，李自成只好弃西安往南逃，出蓝田，走商州（今陕西商县），转战湖广地区。阿济格受命继续挥兵追击大顺军，刘宗敏率领的部分大顺军占领守备空虚的武昌，清军追踪而至，开始围攻武昌。刘宗敏率军弃城突围却遭清军伏击，刘宗敏负伤被俘，后被清军用弓弦勒死。而在此之前，李自成所率的部分大顺军已经从汉阳经嘉鱼、蒲圻退至通城。李自成在湘鄂赣交界处的通城县九宫山玄帝庙中拜神时遭当地乡民误杀，至此，李自成的大顺政权彻底灭亡。

4. 诛除异己

随着多尔衮在朝中的势力越来越强势，他需要做的便是诛除异己。有这样一个事件：

清太宗的第一个儿子肃武亲王豪格，因为怨多尔衮不拥立他为皇帝，所以一直对他不满。顺治元年（1644）的时候，曾语侵多尔衮，被固山额真（额真，满语，又称厄真，意为主）何洛会等人讦告其欲与属员等谋乱，并辱骂多尔衮，于是多尔衮变以"图谋不轨"将豪格削去王爵，并将其废为庶人，其同党皆被处死。同年，豪格的王爵又被恢复。两年后，多尔衮派豪格为靖远大将军，率兵前往四川去镇压张献忠的大西军。又过两年，豪格打了胜仗胜利回京，而多尔衮却没有为他举行盛大的迎接仪式胜利，反而以其有"包庇部属、冒领军功及提拔罪人"等罪名将其囚禁于监牢。一个月后，豪格在狱中去世，多尔衮将其福晋纳为妃。

5. 逝世

顺治七年（1650），多尔衮古北口外出猎坠马跌伤，一个月后逝世，时年 39 岁。

顺治帝率王朝大臣们在东直门外穿丧服迎多尔衮灵柩。下诏追尊多尔衮为"懋德修道广业定功安民立政诚敬义皇帝"，庙号"成宗"。顺治八年（1657），尊多尔衮正宫元妃博尔济吉特氏为义皇后。祔享太庙。

多尔衮执政期间，定都北京、平定中原，奠定了清朝的基业。主要的政治举措有：重用汉人，轻徭薄赋，革除弊政，剃发易服，占房圈地，投充逃人。

在清朝王爷当中，多尔衮的称号是最多的，证明了他 39 年短暂的一生，多姿多彩且轰轰烈烈。

多尔衮在活着的时候独断专行，被他压制打击过的政敌数不胜数。多尔衮去世，正是这些政敌报复的时机。

其去世后，有人揭发多尔衮活着的时候想要谋朝篡位，并暗中制黄龙袍、黑貂褂、大东珠。紧接着，诸王大臣们群起而攻之，对多尔衮的罪名的控告也是越来越多，最后定性的竟然多达十四项之多。而长期饱受多尔衮压制的顺治皇帝也是即刻下诏，剥其爵位，撤出宗庙，开除宗室，追夺所有对其的封典，收籍财产充公。然而这些处罚依旧不能平息顺治帝心中的怒火，他又下令，毁掉多尔衮豪华的陵墓，并砍掉他的脑袋，鞭尸示众。

一位来自意大利的传教士记述了当时鞭尸的细节：他们将多尔衮的尸体从土中挖出来，先用棍子打，再拿鞭子抽，最后还将他的脑袋砍掉，暴尸示众。就这样，多尔衮壮丽的陵墓瞬间变成了大臣。此间，在鞭尸的喊打的过程中，有两位大臣上疏称颂多尔衮功不可没，并请求为其恢复爵位，结果却被当时愤怒难抑的顺治皇帝流放到了宁古塔。

直到乾隆四十三年（1778），顺治帝的曾孙乾隆帝才下诏为多尔衮昭雪。恢复其睿亲王爵位，并赐谥号为"忠"，而这时，距离多尔衮获罪，已经过去了127年的时间。

在清朝亲王当中，荣受"忠"字谥号的一共有三个人：睿亲王多尔衮、恭亲王奕诉、末代肃亲王善耆。但末代肃亲王善耆受此谥号的时候已经是民国，是溥仪小朝廷所赐，所以，严格来讲，在清朝的亲王当中，真正获此谥号的只有多尔衮和奕诉两个人。

一个日本人眼中的多尔衮

有了对阿济格、多铎的评价，那么，竹内藤右卫门对多尔衮的评价又是什么呢？他是这样写的，他是一位三十四五岁的，身材瘦长的人。

事实上，那一年的多尔衮只有32岁，竹内藤右卫门所看到的多尔衮比实际年龄要稍微地老一些，身材是瘦长的，因为多尔衮是"病秧子"身体，就连多尔衮的侄子肃亲王豪格都曾经说过，多尔衮是个"有病无福"的人。

不仅对多尔衮的形象有了描写，竹内藤右卫门还描述了多尔衮的地位和威风："他是皇帝下面第一个有地位的人，其他各王和所有的臣下都尊重他。有什么事情都不能随便参见。有时，要趁他上街的时候借机参见。街上的人见了他的王驾，都要匍匐在地，不许抬头仰视……有一次，我们看到他出城打猎，后面跟着很多人马，还带上一千多只大鹰……"真是好大一个摄政王的气派。

然而多尔衮并不是一个一味地要求这样的气派，竹内藤右卫门说，他对我们日本人却从不要求下跪，还叫我们走到他身边去，说些亲近安抚的话。加上这番评价，才是多尔衮真正的王者气派，他内外有别，知道该如何在外宾面前展示帝国的国家风范，如果他对竹内藤右卫门等日本人也是威风凛凛，那反而有失礼仪了。

清朝第一疑案——多尔衮与孝庄皇太后的关系之迷

说到多尔衮，我们便不得不说到他与孝庄皇后那扑朔迷离的关系。

关于庄妃和多尔衮的关系，历史上一共有三种猜测：一是说两人在皇太极驾崩之后就结了婚，有情人终成眷属；第二种说法是两人并没有结婚，而且相守以礼，一直保持着纯粹的皇嫂与小叔子的关系；第三种说法是两个人没有结婚，但保持着情人关系，并且还同居在了一起。然而，历史的真相究竟是怎样的呢？下面我们来慢慢分析。

在一起的真相

相传，多尔衮与孝庄两人在蒙古大草原上偶然相识，两人一见钟情，并对着敖包互许终身。情节虽浪漫，但根据史料的考证，"一见钟情"这样的理论很快就被推翻。多尔衮在建州女真，而孝庄在科尔沁（蒙古），两人之间相隔着数百里，别说是一见钟情，就连见一面都是十分困难的。根据历史时间计算，两人第一次见面应该是在皇太极与孝庄姑姑哲哲的婚礼上。那时的多尔衮三岁，孝庄年仅两岁。两个两三岁的小孩子，记事还不清楚，更别说是一见钟情了。两人第二次的会面就是在多尔衮的婚礼上，而多尔衮迎娶的并不是孝庄，而是同部落的其他女子。那时孝庄 10 岁，多尔衮 11 岁（注：游牧民族以食肉为主，激素分泌过多，所以小孩发育很早。不论男女，12 岁算是大龄青年了）。第二年，多尔衮与孝庄有了生平的第三次相见，这次不是多尔衮的婚礼，而是孝庄的婚礼——12 岁的孝庄嫁给了皇太极。就这样，见了短短三次面的两个人就都已经各有娶嫁，何来的"一见钟情"之说？

按照传言那种"一见钟情"的说法，皇太极的介入也自然成为了两个人关系的最大阻碍。因为皇太极的横刀夺爱，才使自幼青梅竹马、两小无猜的多尔衮和孝庄没能在一起，而这又是极不符合现实的说法。事实上，每个蒙古女子的婚姻本身都是无关爱情的，对于孝庄而言，她的婚姻亦是如此，承载着民族的使命。科尔沁部落的女人抱着一份沉重的使命出嫁，满蒙联姻并不是一个偶然的现象。

此时的蒙古分化成为漠南、漠北和漠西三大块，科尔沁部落，也就是孝庄所在的部落是漠南东边的一个分支，不善打仗，偏偏又逢强邻，东面有大金，西面察哈尔，南方又是大明朝，哪一个都得罪不起，所以便将唯一的生存之道依附在了建州女真。部落的首领认为，带领民族重新崛起，仅依靠自己部落的男子汉是很难的，唯一的办法便是改变人种。所以，他们心甘情愿将部落里所有美女都嫁到建州女真，使满洲人的血液里流淌着一半蒙古人的血，再由满蒙联合去收复被汉人夺去的江山。科尔沁部落的每一个女人都是带着这样的使命和目的出嫁的，所以，多尔衮和孝庄之间并不存在着什么一见钟情、生死相许的可能，一是没有机会，三次集体聚会上也不允许两个人爱得那样死去活来；二是因为对科尔沁部落的女人而言，婚姻是一种使命感的达成，根本不存在着爱情的元素。

各种各样的传说将多尔衮与孝庄的爱情描绘得美轮美奂，自然两个人在人们脑海中浮现的影像也一定是俊男美女，然而历史上真正的多尔衮长得很不好看。脸很瘦削，不仅极瘦，还是个完完全全的病秧子，给人弱不禁风的感觉，简直就是个男版的林黛玉。相传，孝庄与多尔衮之间产生情愫，就是因为他这个病秧子身体，而且"牵线"的人还是传说中横刀夺爱的皇太极。

当年的松锦大战，多尔衮被打得元气大伤，又因为战争中的劳累过度，同时发作三种病症：怔忡之症（就是心跳过速）、中风前兆、咯血症。心、肺，没一样健好，这使多尔衮丧失了生育的能力。

皇太极得知了这个消息之后心里很不是滋味。多尔衮本是与皇太极争夺汗位的死对头，依照遗言天下本应该是多尔衮的，但皇太极继位成功后多尔衮非但没有报复，反而还鞠躬尽瘁地辅佐他，这使皇太极很过意不去。认为多尔衮是因为他才把身体搞成了这个样子，于是让庄妃去伺候病重的多尔衮。

庄妃与多尔衮本身在年岁上就相差无几，两人在一起久了自然日久生情，这便是他们情感的开端。

在影视作品中，多尔衮的痴情让人感动，除了自己很不情愿地讨了一个小玉儿做老婆之外，就没再娶过。而事实上，不算孝庄，多尔衮共有妻妾 10 人，但只有一个女儿，没有男性后代。因为在松锦大战中大伤元气，多尔衮更是再无生育能力。而且多尔衮又短寿，病死的时候还不到 39 周岁。

"嫁了派"与"没嫁派"各持己见

说完了孝庄与多尔衮之间扑朔迷离的关系，那么，最终孝庄到底有没有嫁给多尔衮呢？关于这个问题，史学家们是各持己见。"嫁了派"认为孝庄下嫁给了多尔衮，并列举出了三条证据：

1. 明末清初抗清将领张煌言的《建夷宫词》中写道："上寿称为

合卺尊，慈宁宫里烂盈门。春官昨进新仪注，大礼恭逢太后婚。"大意是说，皇太后宫里正在举行婚宴，人们按照礼部颁布的新仪典庆祝太后下嫁。

2. 多尔衮称谓上的变化，从"辅政王"到"摄政王"，到最后的"皇父摄政王"。称谓的变化是大有讲究的，其中"皇父摄政王"更是孝庄与多尔衮结婚的一个重要的证据。而称谓上的变化也证明了多尔衮与孝庄皇太后两个人的关系从隐秘到公开。

3. 三大皇家陵园分别是清北陵、清东陵和清西陵。皇太极的墓地位于辽宁沈阳的清北陵，而孝庄被葬在了河北遵化的清东陵，两地相距400多公里。按照清朝早期丧葬制度，皇后无论是死在皇帝之前，还是死在皇帝之后，都要和皇帝合葬。而孝庄并没有和皇太极合葬，从这一点上也能看出几分端倪。

另一方面，"没嫁派"也是坚持己见，认为孝庄根本没有下嫁给多尔衮，罗列出四条证据推翻了"嫁了派"的理论。

1. 明末清初抗清将领张煌言为反清义士，言词不可信。

张煌言，任过南明兵部尚书，与清朝有不共戴天之仇，是著名反清义士，曾十几年间在江浙福建一带坚持武装抗清，最后兵败被杀。他写这首诗的目的，在于宣扬清宫淫乱非礼，以增反清"武器"，不仅不必顾及真相甚至可以渲染捏造，难以用之证史。

2. "皇父摄政王"中"皇父"仅为封号。

其实，这里的"皇父"仅为封号而已，因多尔衮主持定鼎中原，居功至伟，从"叔父摄政王""皇叔父摄政王"一再加封的最高尊号。此类封号，古已有之，如周武王称吕尚（即姜子牙）为"尚父"、齐桓公称管仲为"仲父"。人们熟知的三国时刘备之子阿斗继位后称诸葛亮为"相父"等等，都只是表示帝王对其以"皇父"之礼敬之的尊崇，与其母嫁之那种普通"父亲"的含义毫不相干。

3. 有史书证明，当年宣布多尔衮罪状时，原曾有"亲至皇宫内院"字样，后被删去，有人认为这就是想隐瞒多尔衮与太后成婚的事实，这未免有些荒唐。当年已将太后下嫁之事诏告全国，那么，多尔衮入宫与太后相聚就是正常之事，何罪之有？用此事证明太后不曾下嫁反倒合适。

4. 女"主子"不可能嫁给男"奴才"。

按照当时的礼制风俗，太后下嫁之说有很多不符合礼制之处。

众说纷纭之后，其实还是后者更符合现实一些，毕竟那个年代的爱情与现在无法相比，但无论历史的真相是怎样的，孝庄在多尔衮死后，以她的智慧和胆识辅佐年仅13岁的顺治理政，扶持他度过了皇位交替的暴风疾雨后，又辅佐孙子康熙登基。孝庄在风雨兼程中度过了坎坷波折的一生，她们所留给后世的，是一个美丽的传奇。

孝庄诈死之说纯属空穴来风

关于孝庄和多尔衮的关系，有各种各样的传说和小故事，但有一则最为离奇：说孝庄与多尔衮二人时常在宫中幽会，对不能长相厮守颇有遗憾，于是定计让孝庄诈死，后假冒顺治乳母嫁入摄政王府。不料二人正行苟且之事，却被多尔衮王妃孝庄妹"小玉儿"撞见，大闹宫禁。多尔衮索性借故杀妻伪称暴卒，随后又上演了一场鳏夫寡妇喜结良缘的一幕——与孝庄成婚……

故事情节曲折跌宕，作为秘史奇闻颇能引人入胜，但与真实的历史相对照，均属荒诞不经的无稽之谈。顺治既无"春花秋月"谕旨，多尔衮也未曾无妻鳏居，孝庄更无诈死改嫁之事。

明英宗朱祁镇睿亲王府的旧主人

睿亲王府原本是明朝皇城东苑洪庆宫的一部分，是明朝太子生活、居住的宫殿，在明景泰年间，这里曾经囚禁过明英宗朱祁镇。

明英宗朱祁镇是宣宗皇帝的长子，他的一生可谓充满了传奇的色彩。

传奇身世

朱祁镇传奇的一生，正是从他传奇的出生开始的。

宣德年间，宣宗朱瞻基有一位不可多得的好皇后，其举止得体、贤良温淑。除此之外，还有一位姓孙的贵妃深得宣宗皇帝的喜爱，却始终攀不上皇后的宝座，于是动了歪心的孙贵妃便总是绞尽脑汁地想要挤掉皇后而自立。

宣宗子嗣一直不旺，皇后也是一直没能为宣宗生下一个小皇子，孙贵妃虽然也没能生子，但却想出了一条"偷梁换柱"的计策，迎来了一次挤掉皇后而自立的好机会。

孙贵妃派人在宫中四处打听，看哪位宫女被皇帝临幸后有了身孕，便将其藏在密室之中，并使其与外界隔绝，派专人送饭、照看。然后自己这面买通御医，对外宣称怀有龙种，并伪装了许多怀孕的迹象。

因为孙贵妃当时深得皇帝的宠爱，所以并无人敢透露半点风声，十个月之后，宫女顺利产下一子，孙贵妃立马派人将孩子抱到自己的身边，随后便秘密处死了宫女。孙贵妃派人通知宣宗，并伪装出一副产后虚弱的样子。就这样，一个宫女秘密产下的男孩儿就这样成为了孙贵妃的"亲生儿子"，孙贵妃也顺利变成了"孙皇后"，而这个小男孩儿就是后来的大明英宗皇帝——朱祁镇。宣宗皇帝糊涂废后，是他一生英明中很大的一个污点。

然而，就是这样一个宫女所生的孩子，宣宗驾崩后，七岁便登上了皇帝的宝座，年号正统，并开始了他富有传奇色彩的一生。

朱祁镇继位初期，因为皇太后和辅政重臣"三杨"的辅佐，国家安定，经济也有所发展。然而随着"三杨"的相继去世与隐退，外加宫中宦官势力的急剧上升，其中太监王振就是众多宦官专政的代表人物。

英宗对王振可谓是言听计从，王振依仗皇帝的威严排除异己，树立朋党。国家日趋腐败，就在他亲政的几年后，发生了一件改变他命运且对朝代影响极大的历史著名事件——"土木堡之变"。

土木堡之变

这个土木堡之变就究竟是怎么一回事儿呢？

话说，当时蒙古在漠北的势力已经分为瓦剌与鞑靼两个部落，并相互征伐。到了英宗时期，瓦剌变得强大起来，并不断骚扰明朝北方边境。当时的明朝对待进贡国家的使者，无论贡品多少与优劣，总会回馈很丰厚的赏赐，而且按照人头派发，当时瓦剌部落掌握实权的太师看中了这一点，便经常派人向朝廷以进贡为名骗取赏金，而且派出的使臣还不断增加数量，最后竟达到了三千多人。

这事让明朝政府忍无可忍，下令减少赏金，瓦剌太师便以此为名对明朝发动战争。年少气盛的英宗想御驾亲征，而大太监王振也想名留青史、耀武扬威，于是便极力撺掇英宗亲征。

当时明朝的主力都在外作战，一时又没办法调回，因此朝中的大臣都劝阻英宗不要亲征，可英宗就是想御驾亲征，朝中大臣最终还是没能改变其态度，只好从京师附近拼凑50万大军，开始了浩浩荡荡的亲征。

连着几天的大雨，粮饷接济不上，军队的士气开始低落下来。等行到告警城市大同附近的时候，前方更是不断传来战败的报告，只见明军伏尸满野，这使士卒们恐慌不已，军中一片混乱。大同镇守使郭敬把各地惨败的真相告诉给了王振，王振也看到了明军尸横遍野的惨状，便慌了手脚，即刻下令撤退。可就在这样一个节骨眼上，王振居然起了虚荣之心。

因为王振的家乡蔚州（今河北蔚县）位于撤退的路上，王振想在家乡人面前显示下自己的威风，光宗耀祖，便邀请英宗临幸他的老家。王振的提议一出，立即遭到了群臣的反对，大家都认为这样做是在耽误撤退的好时机，简直就是荒谬之举。被虚荣心冲昏了头的王振这时哪里听得进去别人的劝说，而另一面英宗也希望给王振一次衣锦还乡的机会，于是浩浩大军便开始向蔚州方向移动。而大军才刚往王振的家乡出发，王振便又有些后悔了，担心要是这50万的军队过蔚州，那家乡庄田里的庄稼不就全都毁了？于是又荒谬地下令原路返回。这一来一回，本来就宝贵的撤退时间又被耽误了大部分。当大军到了怀来附近的时候，因为运输的物资还没有赶到，王振便又下令在原地驻扎等待。

这一进一退一等，外加盲目的调动，瓦剌军的大部队很快便追了上来，在怀来城外的土木堡，被瓦剌军包围，且水源被切断，明军被困死地。瓦剌军首领假意议和，趁明军不备发动总攻，就这样，明军全军覆灭，英宗被俘，王振被名将樊忠杀死，英国公张辅、兵部尚书邝野等大臣战死。这便是著名的土木堡之变，从那之后，英宗也开始了他长达一年的"北狩"生活（"北狩"，皇帝被掳到北方去的婉词）。

软禁生活

英宗被俘后，瓦剌的首领不知对其是该杀还是该留，好在首领的弟弟伯颜帖木儿认为英宗有一定的利用价值，英宗便得以保全了性命。被俘的最初一段时间，也先（瓦剌首领）总是带着英宗到处招摇撞骗，但都遭到了明朝边将的回绝。而另一面的明朝，时隔不久，孙皇后便与朝廷重臣立朱祁钰为皇帝，年号景泰。这样一来，朝廷上下都安定了下来，同时，皇帝也明发诏谕：不准私自与也先联系。

这样一来，也先想大捞一把的计划就失败了，气急败坏的也先率领瓦剌的精锐骑兵浩浩荡荡地杀进了北京城，而明朝早就做好了准备，军队在兵部尚书于谦的带领下给瓦剌军以沉重的打击，也先率败兵到了蒙古。

这场败仗，不仅使也先损兵折将，更大的损失是他失去了明朝的赏赐以及与明朝的交易机会。这对于当时只是一个游牧部落的瓦剌来说，失去了明朝的生活必需品，部落民众的生活一定是非常艰苦的。于是也先开始着手与明朝讲和，并想送回英宗。

当时的景泰帝的地位已经稳定，根本不想派人迎回英宗，但众多大臣的建议，景泰帝也只好先派使者去探听情报。

第二次被派往瓦剌的使者名叫杨善，他变卖了家产，买了许多奇珍异宝，并靠着一张巧舌如簧的嘴，硬是在没有圣旨的情况下迎回了英宗，在外"北狩"一年的英宗皇帝终于回到了北京。

然而回到北京的英宗并没有受到应有的礼遇，短暂的仪式过后迎来的是七年的软禁生活。

英宗被软禁在南宫内，大门上锁并灌铅，即使这样景泰帝依旧不放心，加派锦衣卫看守，每日食物由一个小洞递入，而就是那么一点点的食物有时还会被克扣。景泰帝为了避免有人与英宗联系，还专门派人将南宫内的树全都砍伐光，就这样，一生命运坎坷的英宗就在惊恐与饥饿中又度过了七年的软禁生活。

夺门之变

被软禁的生活常常让朱祁镇彻夜不眠，并对自己的弟弟充满了仇恨。朱祁镇每日心中默默祈祷，希望老天开眼，可以让他有朝一日重登龙位。后来发生了的夺门之变，又称"南宫复辟"。夺门之变也可以理解为土木之变的延伸。

曾在对抗瓦剌时立下大功的石亨，为了自身利益，有意拥立英宗登基，拉拢身边的人商讨计划。另一面，英宗也让太监转告石亨，事成之后，一定重重有赏。

一日，夜幕降临，可谓是天时地利人和，石亨等人正在徐有贞家里商讨计划，仆人报告边境传来警报，徐有贞笑着说："这是上天的保佑，边境警报，正是我们派兵进宫的正当理由，谁敢阻拦？大家放心，此行必定成功！"说完这席话，徐有贞便开始部署起计划来。

四更时分，石亨用偷来的钥匙打开了长安门，将近千名士兵放进皇城，守城将士虽觉奇怪却也不敢阻拦。队伍进城以后，徐有贞特意将城门反锁以防意外，后又将钥匙丢进护城河。

几人率兵赶到南宫，却不想南宫门锁因多年不开而锈死，无论如何都打不开，而这时天已经快亮了，西边宫中的开门声隐约传来，石亨有些恐慌地拉住徐有贞问其是否还有希望成功。徐有贞大声说道："机不可失，时不再来，如今我们只能进不能退。"说完便命令士兵取来一根大圆木，用绳子悬起，几十个士兵用此圆木用力撞门，徐有贞又命一些士兵翻墙入宫，与外面士兵合力撞墙，终于，墙倒门裂，宫门被打开。

早已穿戴完毕的朱祁镇听见动静便跑到院子里呼唤石亨，众人一见太上皇赶忙下跪，齐声说道："请陛下登位。"

一群人用玉辇（天子所乘之车）抬着英宗前东华门奔去，徐有贞更是亲自上前抬辇。

却不想，到了东华门时，守门的士兵拒绝石亨等人进入，正在僵持，朱祁镇复辟心切，急中生智高喊："我是太上皇，有事入宫，何人敢拒？"守门的士兵一听"太上皇"三个字便立马放行，不敢阻拦。

晨曦初露，皇宫逐渐迎来了准备上朝的文武百官，正当他们交头接耳地猜测着南宫方向传来的嘈杂声时，忽然听到徐有贞高声呼喊："太上皇已经复辟，大家快来朝贺！"面对突如其来的巨变，文武百官惊呆不已，面面相觑，不知所措。后来，在徐有贞的指挥下，大臣们登殿排班，依次跪伏，三呼万岁。

一场政变就这样取得了成功，历史上称之为"夺门之变"，又称"南宫复辟"。

而另一面，卧病在斋宫的朱祁钰听说了"太上皇复辟"这件事——他日夜担心的这件事——之后只是连声说着"好，好"，之后病情加重，再也无法起床。

朱祁镇将朱祁钰囚禁到西宫，没几日，朱祁钰便去世了。

朱祁镇复辟之后便开始了一场大规模的逮捕和屠杀，而首当其冲被迫害的便是于谦。其实在杀于谦时，明英宗是有些不忍心的，因为于谦实在是有功，但在徐有贞的怂恿下，还是下了毒手，于谦有功却惨遭冤杀，至今令人唏嘘不已。

怡亲王府——雍正唯一礼遇的胞兄弟王府

1. 爵位封号

康熙第十三子胤祥（允祥），封怡亲王，是除铁帽子王之外，又一"世袭罔替"亲王。

2. 王府所在地

在北京先后一共有三处怡亲王府：第一座怡亲王府位于王府井帅府园；第二座怡亲王府位于朝阳门内大街路北；第三座怡亲王府位于东单北极阁三条。

怡亲王府为何被改建成贤良寺

北京的第一座怡亲王府，位于王府井帅府园。该处王府，只居住过始封王允祥一代。那么，赫赫一座王府为何会被改建成寺庙呢？这与王府的主人有着很大的关联。

怡亲王府的主人爱新觉罗·允祥是清康熙帝的第十三子，生母是敬敏皇贵妃，排行十三，人称"十三爷"。

关于怡亲王允祥，史书这样评价他："诗词翰墨，皆工敏清新""精于骑射，发必命中，驰骤如飞。"他曾一度受到清圣祖康熙帝的宠信。在康熙末年的"九子夺嫡"事件中，他始终站在四阿哥胤禛，也就是后来的雍正皇帝的一边，为雍正皇帝的继位立下了汗马功劳。

在众多兄弟中，胤禛对允祥的感情最深，在他继位后，便封允祥为和硕怡亲王，并重用他，允祥不但受重用，而且得到雍正完全的信任。雍正亲书"忠敬诚直勤慎廉明"八字匾额赐允祥。

允祥自然也是尽全力辅佐雍正皇帝治理国家，自始至终都没有辜负雍正皇帝的器重。

允祥生前曾表示死后要将宅院改为寺庙。雍正八年（1730），允祥死，雍正亲临奠祭，赞他是"自古以来，无此公忠体国之贤王"，命配享太庙，准许他名字上一字用"胤"字，赐谥曰贤。四年后他的住宅改建为寺，雍正皇帝亲自赐名"贤良寺"，并御撰碑文。

在《乾隆京城全图》上，从所绘贤良寺的形制上可见王府之貌。南起帅府园胡同、北至金鱼胡同、东起今校尉胡同、西至近王府井大街处的范围内，有面阔 5 间的正门、面阔 7 间的正殿、面阔各 7 间的左右配楼、面阔 5 间的后殿、面阔各 7 间的后寝和后罩楼，显露出王府的严整、宏伟。

20 世纪 80 年代为校尉小学校，现寺已无存。

李鸿章曾经的住处——贤良寺

贤良寺迁建于冰碴胡同路北之后，便成了外省的朝廷重臣进京朝见的住处。曾国藩、李鸿章、左宗棠、张之洞等晚清炙手可热的地方督抚进京时都寄住于此。贤良寺众多"留客"里数李鸿章的故事最多。

梁启超先生所著的《李鸿章传》里有这样一句话：李鸿章之在京师，常居于贤良寺。据史料显示，李鸿章第一次进京时便住在这贤良寺里，之后的无数次进京，李鸿章都居于贤良寺，最后还终老于贤良寺。

甲午战争后，李鸿章有半年时间闲居在贤良寺。这在他忙忙碌碌的为官生涯中，是从没有过的事儿，也是他一生中最投闲置散的一段时间。

面对门庭冷落车马稀，他索性关起大门研究起了"养生之术"。看书、练字、锻炼、吃饭和睡觉成了他一天的功课。他每天六七点钟起床，稍进餐点后即检阅公事，或随意看《通鉴》数页，临碑帖一纸。午间饭量颇佳，饭后更进浓粥一碗，鸡汁一杯。饭后，脱去长袍，短衣负手，出廊下散步。

1900 年庚子事变之后，正在两广总督任上的李鸿章从广州被调回北京与联军议和，也住在贤良寺。当时的北京已被八国联军控制，贤良寺因有李鸿章居住而成为当时"由清国政府管辖的两个小院"之一（另一个是与联军议和的庆亲王府）。

两个月后，李鸿章胃血管破裂。当时在贤良寺的卧房里，除了躺着的李鸿章，还有等待他签字的俄国公使。1901 年 11 月 7 日，李鸿章在贤良寺死于钦差大臣任上。

第二座王府中的"书呆子亲王"——弘晓

怡亲王胤祥死后，因府改为寺，故又在朝阳门内大街北侧建造了新府，继袭怡亲王爵位的允祥第七子弘晓由第一座怡亲王府中迁出，居于该处。

第二座怡亲王府位于朝阳门内北小街，今为中国散义诗学会、中国科学文化音像出版社等近 10 家单位所在地。此府不仅占地广阔，且规模宏伟，其主体规模和构架至今保存得相对比较完好。

那么，居住在这座王府里的第一任主人弘晓是一个怎样的人呢？下面让我们来了解一下。

爱新觉罗·弘晓是爱新觉罗·允祥的第七个儿子。字秀亭，号冰玉道人。是清朝著名的藏书家、诗人。

弘晓虽然是亲王，但他并没什么政治才能，也不擅长交际，痴迷读书，是个好学的人，总是将经史子集反复读诵，并将其奉为经典。在王府里有一个安乐堂（又名明善堂），堂里面有九个巨大的书橱，装满了弘晓的藏书。弘晓嗜书如命，对自己的书更是视为宝中之宝。乾隆命纪晓岚主编《四库全书》的时候在全国各地征集资料，各个王公大臣、文化名流统统将自己的藏书呈递宫中，而唯有弘晓一本也舍不得献出来。这样不通人情世故的弘晓给乾隆留下了很差的印象。

弘晓饱读诗书，从不舞枪弄剑，这在彪悍跋扈的满清贵族中算是个异类，而且又因为他的书呆子性格，更是经常在一些交际与礼节方面无意的怠慢。乾隆帝首次到盛京谒陵，并在清宁宫举行祭祀活动。而在这样的活动中，弘晓却忘记带佩刀，这使乾隆很不高兴，并对其进行了严厉的斥责。

乾隆非常讨厌弘晓的书生习气，与其杰出的父亲相比较，弘晓更是让乾隆感到无比的失望，但因为雍正帝"凡朕加于吾弟之恩典，后代子孙不得任意稍减"的谕令，乾隆帝一直保留着弘晓的爵位。

怡亲王弘晓也是最早抄《红楼梦》的王爷，而说到《红楼梦》，曹家与怡亲王府还有一定的关系，雍正初年曹家被抄，怡亲王允祥曾奉命监管过曹家事情。

怡亲王弘晓对红学贡献最大的是为我们留下了一部珍贵的《石头记》。红学界称这个本子为"己卯本"，或"脂怡本"。这个本子是目前所见诸本子中比较早的一种。

以养菊花自娱的王爷——第三座怡亲王府的主人

怡亲王府的第三座府邸在东单北极阁三条，原为宁郡王府，今为中国话剧团所在地。

宁郡王弘晈是怡亲王允祥第四子。雍正朝封为郡王。后来，他被牵连进政治争斗中，据《啸亭续录》记载，皇帝谴责他们"私相交结，往来诡秘"，"渐有尾大不掉之势"。尽管弘晈保住了王爵，但遭此打击后，心灰意冷，他故而远离政治，养菊自娱。

据说，弘晈于南方购得菊花数百品种，试种于北方，获得成功。他养的菊花分"神品、逸品、幽品、雅品"等诸多品目，达数百种之多。另外，他还能自制精扇，名"东园扇"，一时，士大夫争购之。

载垣的阴谋

怡亲王府的始王允祥去世之后，怡亲王位一共袭了九次，其中比较有名的有两个，一个是第五次袭的载垣，还有一个是第八次袭的溥静。这两个怡亲王有一个相同点，那就是均死于非命——一个被赐死，一个被八国联军挞辱而亡。

下面，首先让我们来了解第五次袭的载垣，看看他是一个怎样的人，在他的身上发生了怎样的故事，而他最后又是因为什么而被赐死的。

载垣是允祥的五世孙，咸丰皇帝继位后，载垣逐渐受到重用，英法联军逼近北京的时候，他随咸丰帝逃往热河。咸丰帝想由热河返京时，由于病情严重，只好将返程的时间推迟。

咸丰帝在热河的时候身体虚弱，而身边又没有其他的兄弟，所以一直陪在他身边的怡亲王载垣便看好了这次机会，企图控制此时的咸丰帝，而此时一起商议决策的，还有郑亲王端华和大臣肃顺。三人觉着皇帝应该是时日不多了，即将继位的小皇帝尚且年幼，一定会选出一位摄政王辅佐幼帝。载垣看准这个时机，便开始尽自己最大的努力想要揽下大权。表面来看，载垣是这件事情的主谋，但实际上这件事情真正的主导者是肃顺。那么肃顺又是何许人也呢？他是端华的弟弟，在很小的时候被过继到郑亲王家，年轻的时候是京城内无人不知、无人不晓的混账公子哥儿，终日无所事事，生活放荡。之所以后来受到了咸丰帝的喜爱和信任，是因为载垣和端华这两个亲王在皇帝面前的联名保奏。肃顺从户部一名小官，很快便升到了内务府大臣的职位，可谓飞黄腾达。但肃顺在任职期间依旧坏性不改，心狠手辣。一次肃顺奉命处理一个内阁大学士，其实原本只是件很微不足道的小事，肃顺居然说服皇上将其处死。表面上看好像是肃顺铁面无私，而事实上，是因为这个内阁大学士因为个性耿直而得罪了载垣和端华这两个权贵。就是因为这件事，肃顺与慈禧产生了冲突。那时的慈禧手中也没有什么政权，她一方面担心肃顺的势力越来越大，另一方面也想挽救这个耿直大学士的性命，于是慈禧试图劝说皇帝不要将其处死，可不想却遭到了皇帝的拒绝。这件事情之后，肃顺的权力更是日益壮大，那些反对他的王公大臣们，不是被革职，就是被逐出朝廷，使得朝中大臣人心惶惶。

在英法联军进攻北京城的前夕，其实也是肃顺劝说咸丰帝逃往热河的。咸丰帝不顾慈禧和王公大臣们的反对和劝阻，执意听从肃顺的计策，逃往热河。而且肃顺更是劝说咸丰帝不准其他王公大臣随驾北行，这样一来，他和那些谋逆者便可以很方便地影响和控制咸丰皇帝。这件事情被慈禧看得很清楚，于是她力挽狂澜，及时揭穿了肃顺等人的谋逆罪行。后来咸丰帝驾崩，就在这群谋逆者还在犹豫的时候，果断的慈禧秘密派人送信给恭亲王，并命其火速赶往热河，再加上一些忠仆的帮忙，慈禧与恭亲王制定了一个大胆的计划，从而成功将谋逆者们击败。被押往宗人府时，肃顺还充满埋怨地向载垣和端华抱怨：如果你们能听从我的建议，杀掉这个妇人，我们怎么会有今天这一劫？

故事的始源其实还要从怡亲王最初想挑拨咸丰与慈禧的关系说起。

最初，当怡亲王载垣看出慈禧是咸丰帝亲信的时候，便明白，如果想成就大事，就必须将慈禧先除去，或者将其打入冷宫。但同时，他们也非常清楚，无论他们在热河的计划多么天衣无缝，一旦咸丰皇帝回到京城，他们的处境就会很危险。因为皇帝回到京城，再亲密的大臣想随时接近皇帝也不是那么容易的，相比较而言，身处后宫的慈禧便很快占据了很大的优势，而且她还可以在太监们的帮助下重新获得皇帝的欢心，加固自己的地位。

于是三个人便在皇帝面前日夜进谗言，贬低慈禧。说乾隆时期的某个妃子，就是因为怠慢母后而被终身幽禁的，等等。已经饱受病痛折磨的咸丰帝哪经得起这三个人的耳边风，于是便将怡亲王的福晋召来热河，将慈禧所生之子，也就是皇位的继承人，交由怡亲王的福晋代为抚养。另外，怡亲王和恭亲王也有很多年的隔阂，于是这三个人又开始在皇帝面前不断诋毁恭亲王，说他滥用职权，串通洋人，背叛朝廷。

怡亲王等人的下一步计划是想将城中的洋人赶尽杀绝，剪除咸丰的弟弟——将其处死或者监禁。有了计划，便开始实施行动。怡亲王等人先是拟好了一份诏书，准备在皇帝驾崩的时候颁布，但之后却遇到了一个麻烦——没有印玺。早就看穿怡亲王等人心怀不轨的慈禧将印玺放在了自己那里，怡亲王不敢冒险从慈禧手中夺过印玺，而这样一来，怡亲王等人拿不到印玺就相当于白写了诏书。因为清朝法制规定，新皇帝继位的诏书上面必须得盖有这枚印玺，上面的印文是"世传受命之宝，凡嗣皇继位，首次谕旨，必盖此印"，以证明新皇帝继位的合法性，如果没有这个印，篡位者颁布的所有诏书都不算合法，可以被撤销。印玺本来是皇帝的随身携带的，但如今却在慈禧的手中，而这，也正是慈禧阻止怡亲王等人阴谋的第一步棋。

第二天清晨，咸丰皇帝驾崩，怡亲王载垣被"任命"为首席赞襄政务大臣。这份诏书是以年仅五岁的幼帝之名颁布的,新帝宣布继位,但是诏书中却没有加封新帝的母后和贵妃,这是有违于前朝先例的。这使载垣非常心虚,他害怕矛盾被激化,于是便在第二天的时候又下达了圣谕——尊封皇后和叶赫那拉氏同为皇太后。载垣等人之所以这样做,主要并不是因为慈禧是新帝的亲生母亲,而是因为载垣等人的摄政王地位还没有稳固,而且慈禧深得热河满洲军队的爱戴和拥护,其本人更是精明过人,人缘又好。在摄政王地位还没有太稳固的情况下,载垣是不太容易对慈禧下手的。虽然慈禧一日在位,逆谋者们就一日寝食不安,可一切只能从长计议,等稳定了摄政王在京城和诸省的地位才能对慈禧下手。

之后,载垣又以赞襄大臣的名义发布了几道旨意,授权他们全权辅佐幼帝,并任命首席赞襄大臣为监国,而这个职位,向来只有皇帝的兄弟或者叔父们才有权担任的。

消息很快就传到了京城,王公大臣们纷纷上奏,希望两宫的太后可以实施监国的权力,而这也就是人们口中所说的"垂帘听政"。与此同时,慈禧与恭亲王及他的兄弟们一直保持着秘密通信,而在恭亲王等人的眼里,早就已经把慈禧当作了紫禁城的未来主人。恭亲王等人劝说慈禧尽快将先帝的灵柩运回京城,但这件事情必须要小心谨慎,因为宫中的一些先帝的嫔妃们已被载垣等逆谋者所收买了,而且她们也控制了一部分自己部族的侍卫。因为肃顺的财力雄厚,这些谋逆者们已经开始在京城中逐渐有了些同党。

由于当时的时局很混乱,皇家的地位受到威胁,谋逆者们却是深得人心。当时的京城仍旧被外国军队所占领,另一方面南方各省又是叛乱频起,百姓们都希望可以更换统治者,而这个时候逆谋者们的出现无疑不是人们心目当中的最好人选,外加他们在处理各种国家事务当中又有丰富的经验,更是深得人心。但此时的慈禧依旧是处乱不惊,她在支持者们的协助之下处理着国事，并试图重整朝纲。此外，由慈禧一手提拔起来的曾国藩也从叛乱者的手中夺回了安庆，战场上的捷报频传更是加固了慈禧的政治地位。后来，慈禧凭借着自己过人的胆识和智慧，充分利用起了众多对手之间的内部矛盾，为自己赢得了时间和朋友。但看似一帆风顺的"垂帘听政"之路却遇到了一个阻碍。根据清朝皇室家的规定，太后是不能参与政事的，但在顺治帝和康熙帝在位的时候均有摄政大臣辅佐幼帝的先例，但这个摄政大臣却不是什么好差使，因为一旦幼帝长大成人可以独立当政的时候，昔日的摄政王不是被罢黜，就是被赐自尽。恭亲王之所以支持两宫太后"垂帘听政"，并不是因为他看到了慈禧过人的才能，而是希望慈禧垂帘听政之后，自己可以手握大权，一揽朝政。

赞襄政务大臣们开会后颁布了一道诏书，内容是严厉谴责御史奏请两位太后垂帘听政一事，并再一次重申了赞襄大臣才是先帝临终时候的旨意，不可违背先帝遗旨。与此同时，还有一条让慈禧盼望已久的大好消息——启程运先帝灵柩返京。

热河距离京城较远，怡亲王等人作为赞襄大臣，在运先帝灵柩的途中必须全程护驾。因为先帝灵柩沉重，所以需要120人肩抗，而且回京途中又大多都是崎岖山路，这样一来，回京的行程就会被耽搁不少，返京最起码需要10天的时间，这期间如果遇到恶劣天气，日程还要被耽搁。对慈禧来说，灵柩运送得越慢对其就越有好处，因为按照清廷的礼节，在运送先帝灵柩之前，新帝及后宫理应祭奠行礼，然后返回京城后再以同样的方式迎接灵柩，而此时乘坐轻便小轿的慈禧太后，日夜兼程，只需要五天的时间便可以抵达京城，这样一来，提前抵达京城就处于战略上的优势，所以慈禧片刻也不敢耽误，立即与恭亲王商议筹备迎接新帝的事情。

但另一方面，载垣等人其实心里也非常清楚，慈禧太后优先抵达京城，自己的处境就会处于被动，于是载垣便想出了一条策略——在途中暗杀两宫太后。于是载垣特意派自己的贴身侍卫"护送"太后回京。

说来也巧，这件事正好被慈禧身边的亲信荣禄先有了耳闻，荣禄闻讯后立即带领一队得力的手下干将彻夜离开先帝灵柩，追赶太后一行。拼命赶骑，荣禄一行最终于平原地区与蒙古山道的分界地追上了太后，而怡亲王正是打算在此将两太后暗杀。

咸丰帝的灵柩刚从热河启程便遇上了滂沱大雨，泥泞的山路令其无法通行，太后也只好在峡谷当中歇脚。当时运送先帝灵柩的大队人马落后于两太后十英里，慈禧深懂礼数，于是以两宫的名义派人返回查看先帝灵柩是否安然。怡亲王等人回谕旨说灵柩已经安然抵达首站的行宫，慈禧闻后，以西宫太后的身份赏给抬棺的人白银千两，犒劳其辛苦。在回京期间，尽管怡亲王载垣很清楚自己的不利局势——只要太后在一日，自己的危险便多一分，然载垣依旧不忘礼节，并给太后上奏，感谢其对先帝遗骨的关切之情，另一面慈禧也是回信并赞扬怡亲王的尽职尽责。就这样，在返京的过程当中，即使在这样的关头，双方依旧是以礼相待，从这可以看出，汉族人和满族人仍旧是将形式和礼节看得无比重要。

大雨过后，太后一行人继续前往赶路，并在荣禄的保护下于先帝灵柩到达前三天安全抵达京城。返京后，慈禧等人立即召开了秘密会议，参与这次会议的包括咸丰的弟弟们及忠于他们的大臣和皇族。大家认为，虽然慈禧太后持有玉玺，但清朝至今还没有当众捉拿护送灵柩大臣的先例，而且，这样的举动不光对先帝有所不敬，更是不利于新帝将来的统治地位。密会最终决定谨慎行事，等到先帝灵柩返京之后，先将载垣等人赞襄政务大臣的职务革去，然后再见机行事。

先帝灵柩由西北城门进入京城。为了防止载垣同党的强行进入，早在前一天的晚上，恭亲王已经在此派兵驻扎。年幼的新帝在两宫太后的陪同下来到了城门迎接，同时随行的还有先帝的弟弟们和诸位大臣。灵柩入城，众人纷纷跪地叩头，此时，怡亲王等人已经将先帝的灵柩安然送回了京城，但按照规定，他们还需要当面陈奏新帝才算是完成护送灵柩回京的任务，于是，幼帝在城门口搭建的一座大帐内接见了他们，帐中自然还有两宫太后、先帝的弟弟们及诸位重要大臣。

帐篷内，慈禧太后态度庄严，并以皇太后的至高身份对怡亲王载垣讲，她和东宫太后对其安然护送先帝灵柩回京一事表示很满意，如今任务已经完成，所以免去其监国和军机大臣的职务。怡亲王载垣听了这番言论自然是断然反驳，并称自己的首席监国是先帝所封，太后无权罢免，而且，在幼帝成人之前，如果没有他的允许，太后和其他人是无权私自接见大臣的。

然而慈禧太后对于载垣的断然反驳则是很不当一回事儿，扔下一句话，"那就走着瞧吧"，然后，便当场命侍卫将载垣等三位监国拿下。随即便与新帝一行人返回皇宫，准备在紫禁城门口迎接先帝灵柩。已经被革了职的监国们只能跟在慈禧太后一行人的后面，街道两旁排满了忠于慈禧太后的军队，这让载垣等人根本没有任何反抗和逃跑的机会。在这场与慈禧太后的争夺战中，载垣等人无疑是败得一塌糊涂。

随后，慈禧太后便开始放手大胆行事，她以两宫太后的名义下达谕旨，将载垣、端华、肃顺三个人押至宗人府严办，并让恭亲王负责调查，在此期间，免去三个人所有的贵族封号及官职。

对于肃顺，慈禧太后是异常憎恨的，尤其他贪污的万贯家财。在清朝历史上，只有一位官吏比他富有，那就是乾隆年间的大学士和珅。慈禧太后将肃顺的亿万家产全部没收并充盈国库，为此后的统治打下了坚实的经济基础。

朝廷裁定载垣等人谋逆一案，载垣、端华蒙恩自尽，至于肃顺，因其罪行滔天，该当凌迟处死，但因慈禧太后不忍心施此极刑，便改为斩立决，而且在肃顺处死三年后，慈禧又下诏，禁止其子孙后人入朝为官。

溥静的悲哀

说完载垣，下面再让我们了解一下在第八次袭怡亲王的溥静身上的故事。

光绪十六年（1890）的时候，末代怡亲王毓麒的生父载敦逝世，那一年他的两个儿子溥静和溥耀正好都是风华正茂的年纪，溥静42岁，溥耀31岁。就是在这样风华正茂的年纪，他们赶上了慈禧太后的独断专行。

当时，河北、山东等地的义和团运动令朝廷十分不安。大臣们对义和团的态度也形成了两派：兵部尚书徐用仪、户部尚书立山、内阁学士联元为代表的一批人坚决主张"剿"；以端王载漪、内阁大学士刚毅为首的王公大臣们则主张"抚"。溥静自袭爵以来，做事从来都是小心谨慎，从不轻易发表议论。慈禧站在"主抚"派的立场，先后斩杀了徐用仪、立山、联元等人。溥静见局势有利于"抚派"，于是便开始按捺不住，逐渐流露出倾向于载漪和刚毅的言行举止。溥静的弟弟溥耀是个为人谨慎，一切按部就班的人，他根据对慈禧太后的了解和朝廷对"乱民"的一贯态度和做法，经常劝说他的哥哥慎重抉择。在对待义和团的这个问题上，他更是一遍又一遍地提醒王兄三思而后行。长期以来，兄弟两个人就是这样相互扶持、提醒，仕途才得以安然无恙。

后来，溥耀因疾病突发而去世，在咽气前，他将自己唯一的儿子毓麒托付给溥静，因为担心溥静重蹈载垣的老路而贻害家族，所以在临终前还不忘提醒溥静，一定要沉住气，看好局势。遗憾的是，溥耀的临终前的担心还是发生了。溥静一时心血来潮，竟明确地站在了"抚派"一边，结果落得身首异处的下场。

当时，慈禧太后想借用义和团的力量去打击洋人，同时也希望洋人可以帮她消灭义和团，鹬蚌相争，慈禧独享渔翁之利。于是，慈禧便以光绪帝的名义向各国使馆下了战书，而战书的内容更是写得义愤填膺，正气凛然。

这封战书一发，义和团受到了极大的鼓舞，于是四面八方的义和团迅速蜂拥至京，对"除洋"进行支援。瞬时间，京城里的大街小巷挤满了义和团的人，京城里人满为患。就连慈禧从颐和园銮驾回京的时候，义和团都是沿途列队护驾，这使慈禧太后非常欣慰，赐两千两白银给义和团。

关于慈禧下旨攻打大使馆和洋兵营这件事，很多大臣们都是闻风而动。溥静原本对义和团保持着中立的态度，这时却想在这件事情上表现一番，于是在对这件事情的态度上，来了个一百八十度的大转变。

溥静把无处睡觉，只能露宿街头的义和团壮汉们纷纷迎进了王府，一面允许他们"设坛祭奠"，另一反面还为他们提供食宿。因为北方人对面食喜欢的多一些，所以王府对所提供的餐食主要以面条为主，既方便，又经济实惠。偌大的怡亲王府，怎么会被几个壮汉们吃面条吃垮？在饭量方面，溥静是从来不计较大家吃多少的，可这"酱、卤、醋"等拌料的经常供不应求可着实把这个怡亲王给愁坏了。无论是怎样的加量拌料，就是不能满足壮汉们的需求。本是好心，却变成了"怠慢"，于是溥静灵机一动，将这种"招待不周"变成了他的文采，形成了一段"战前总动员"的动员口号，口号是这样喊道的："吃面不搁酱，炮打江民巷；吃面不搁卤，炮打将军府；吃面不搁醋，炮打西什库……"口号中的"江民巷"指的就是现在的东交民巷，而"江民巷"这个名字的由来还是源于当时我们国人的无知。那时候的国人不知"外国"是何方，当发现那些高鼻梁、深眼眶的"异类"出现的时候，便以为是从海洋里冒出来的，所以沿海一带的便称其为"洋人"，而同样的道理，内陆的人见到这群高鼻梁、深眼眶的人便以为是从江里冒出来的，所以便称他们为"江民"。而"江民巷"这个地名就是因为外国人在北京聚集而演化而来的地名。"将军府"指的是外国军队的指挥部。"西什库"是意大利传教士利玛窦在北京建造的一座天主教堂。

回顾一下我们中国的"食文化"，如今炸酱面、打卤面能成为北京人口中颇具平民特色的知名品牌，这与当年这场在怡亲王府里规模浩大的"面条宴"和怡亲王的那首朗朗上口的打油诗是有着重要关系的。

溥静这面干得是风风火火，可就在战书才下达四天的时间，慈禧太后便来了个一百八十度的大转弯，要镇压义和团。本想借着此次机会迎合一下慈禧的心思，却没想到根本就没摸清楚老佛爷的真正意图，充当了慈禧的替罪羊。虽然这场风波很快就平息了下来，但却也埋下了深深的祸根，直到去世之前，溥静都一直处于忐忑不安的状态中。

支持义和团运动，是溥静自己本身走的一步臭棋，同时也预示着怡亲王府已经开始逐渐走向危机。

其后，凶残的八国联军怀着发财的美梦攻占进北京城，洗劫圆明园后却依旧贪得无厌，将目标锁定在了京城内的各个王府，而怡亲王府，自然是其中一个重点的目标。

联军乱吼着进入王府，先是一通乱砸，然后将认为值钱的、能抢走的全部抢走，拿不走的，干脆统统都给摔碎。

因为慈禧从宣布向洋人进攻到镇压义和团态度转变太大，所以八国联军对于慈禧太后后来对其作出的一系列"善意举动"完全不买账，不仅要求惩罚义和团，同时还要求严办那些支持义和团的官员们，并列出一个"处死"名单，而溥静就在这份"处死"名单里。

这样的形势突变，让怡亲王府突然危机四伏。溥静太了解老佛爷的为人处世和做事风格了，虽然处死自己并不是老佛爷的本意，但是老佛爷为了保护自己，讨好洋人，也绝对不会放过他的。

这让溥静处于一种十分惊恐的状态下，寝无眠、食无味，无缘无助的他完全看不到自己的"活路"在哪里，溥静开始变得焦躁不安，最终抑郁成疾。而作为怡亲王府"主心骨"的他，言谈举止、情绪状态自然影响到了整个王府，王府上上下下都开始变得抑郁起来，每个人都变得少言少语，抑郁寡欢，脸上再看不到一丝笑容。

溥静开始有些后悔，后悔为什么没有听溥耀临终前的最后劝告。于是他开始找方式发泄自己内心的悔恨，摔东西，呵责别人，完全看不到往日的王爷风范。溥静终于在不安中等到了"这一天"，"宰羊刀"最终伸向了溥静这个"替罪羊"。

死后的溥静被定"纵容义和团"的罪名而被革去了怡亲王爵，可谓是身败名裂。

其实慈禧对处罚溥静还是有所犹豫的，虽然都是纵容了义和团，但是溥静却同载漪等有着很大的不同，载漪和刚毅是始终持"主抚"态度，溥静则是因为特殊时间、特殊事情而卷入这场风波，也算是一时的糊涂。另一方面，溥静的弟弟溥耀的亡故，更是触动了老佛爷那根极微弱的恻隐之心，对溥静的惩罚犹豫不定，拖而不决。

溥静的死后革爵，这样的举动实在是一石二鸟之策，对朝廷内，是"杀一儆百"、"以儆效尤"，而洋人那面，也是满足了他们的欢心。

太后虽然不在怡亲王府居住，但是其耳目众多，对怡亲王府更是了如指掌，深知溥耀一直是"立场坚定，是非分明"的态度，虽然最后没有能够阻止哥哥溥静的错误行为，不过他依旧表现出了一个清朝臣子应当具有的优秀品质。溥耀已经故去，于是便将"铁帽子王"赏赐给溥耀的幼子毓麒。而袭爵选中刚满两周岁的毓麒，不过又是一种傀儡政策。

短短几个月的时间里，厄运接连在这座王府里降临，这不仅使怡亲王府的政治地位急转直下，更是让其经济地位一蹶不振。王府昔日的威严已经荡然无存，这样看不到前途的生活，让王府里的每一个人都记忆深刻。

这场劫难也深深影响了末代怡亲王毓麒的性格和行为，使他从小便对时政的变幻心有余悸，对仕途更是提心吊胆。

克勤郡王府——清初"铁帽子王"王府之一

基本概况

1. 地理位置

克勤郡王府位于西城区新文化街（原石驸马大街）西口路北。

2. 主人变迁

多罗克勤郡王历十三代十七王，后一度曾为知名人士熊希龄的住宅。

3. 现状

昔日王府今日变为学堂。克勤郡王府后被用作石驸马二小的校园，后更名为北京第二实验小学。

英年早逝的克勤郡王岳托

克勤郡王岳托系礼亲王代善的长子，克勤郡王是其死后的追封，为清初"八大铁帽子王"之一。

第一代克勤郡王岳托，最初被授予台吉，继而封为贝勒。岳托很早就投身戎马生涯，自幼随祖父努尔哈赤征战各方，功劳卓著，以骁勇善战和擅长谋略名冠后金。

另外，由于岳托很早就支持皇太极，因此，皇太极即位后，岳托因军功卓著被封为成亲王，主管兵部，成为八旗军事集团的核心人物、满洲第四号人物。

此后，岳托与皇太极的关系却发生了变化。岳托是很有正义感的人，他对皇太极的一些举措很不满，而且对皇太极小题大做、借题发挥地打击异己颇有微词。由于这样或那样的分歧与矛盾，皇太极开始对他排挤和打击。

作为代善的长子，岳托不光继承了父亲的智勇，同时也为本族繁荣作出了贡献，可惜英年早逝使他不能有更大的作为。

岳托的后事办得极为隆重，清太宗下旨追封已故多罗贝勒岳托为克勤郡王，备各色祭品祭奠不算，当和硕亲王以下、牛录章京以上皆集于岳托墓所时，太宗特遣礼部官读册致祭，祭文颂扬了岳托的征明之功外，还表达了太宗"不胜悲悼之情"。论功行赏时，岳托虽逝，太宗仍赏马 5 匹，骆驼两峰，银万两，赏格仅次于多尔衮。

后来，清廷为岳托立碑纪功，配享太庙，入祀盛京贤王祠，并以克勤郡王之爵世袭罔替。这样，在清代"八大铁帽子王"中，岳托与其父代善独占两席之位而青史留名。

王府曾留曹雪芹足迹

克勤郡王府还和我国一个著名作家有些渊源，他就是我国四大名著之一——《红楼梦》的作者曹雪芹。

在曹雪芹十几岁时，他跟随家人来到了北京，在北京的很多地方都留下了他的足迹，如北京植物园等，他还曾到一座王府走动，是哪一座王府呢？那就是我们的克勤郡王府。

克勤郡王府是清廷封给岳托后人的三处府邸之一，是规模最大的。克勤郡王的后代习惯把西边的平郡王府称为"西府"，把东边诺尼的贝勒府称为"东府"。西府的面积比其他铁帽子王王府要小，但布局紧凑合理，建筑精致。

曹雪芹和平郡王福彭（入关后的第一位克勤郡王庆恒的养父）是亲戚关系，因此，曹雪芹定居北京时常在东西二府走动，因此一部分红学家认为，新文化街东的克勤郡王府和街西的诺尼府是荣宁二府的原型。

曹雪芹与福彭交往有二十多年时间，据说关系非常好。据戴逸先生考证：福彭死时，曹雪芹正在创作《红楼梦》。书中所写富家生活，既有破落前曹家生活的实录，也有采自其他的王公家庭。平郡王府是当时极显赫的贵族家庭，又是曹雪芹至亲，曹雪芹目睹其家的奢华与排场，印象必是极深刻，故能对 18 世纪满人贵族的富家生活，写得惟妙惟肖、入木三分。

克勤郡王庆惠和咸丰星月钱

克勤郡王府的其中一个主人爱新觉罗·庆惠，曾是正黄旗汉军的都统，史料对这个王爷并没太多的记载，而他与咸丰星月钱还有一段小传说。

咸丰帝即位后，爆发了太平军起义。当时的清王朝，内部是大规模的农民起义，外部则是各国列强的垂涎与侵袭。咸丰帝又是一位体弱多病没什么主见的皇帝，常被奸臣左右思想，整日在贵妃慈禧宫中玩乐，不理朝政。为了平复农民起义军的暴动，礼部侍郎曾国藩利用汉族地主的武装残酷地镇压了农民起义，并对外实施议和与妥协、消极抵抗的政策，导致了第二次鸦片战争的失败。在这场镇压农民起义军的斗争中，为了维持庞大的军费开支，咸丰帝任由工部、户部主事肃顺去策划财政的支出，肆意搜罗军饷。

当时国家的财政状况又是极为匮乏，于是咸丰皇帝便召来肃顺、端华、载垣等大臣一齐商议应急的政策，一番商议之后，咸丰皇帝决定采用怡亲王载垣的提议——为解燃眉之急，可铸当五百、当千大钱。

克勤郡王庆惠一听说要铸当五百、当千大钱，在第二日上朝的时候立即上奏道，铸大钱这件事情是不可行的，并非是强国之计，历代的王朝灭亡，大多数都是因为钱法的错误而导致天下大乱。肃顺听了庆惠的一番言论之后，立即反驳道："如果不铸大钱，那用什么去支撑军饷的开支？军队如果没有军饷，那才是天下大乱。"庆惠听后，当着满朝文武大臣的面对咸丰皇帝大声说道："朝内诸臣，皆是皇亲国戚，平日享受尽了荣华富贵，如今我朝有难，大家该拿出一些钱来资助，这样军饷的问题不就解决了么。"庆惠说完此番话见皇上频频点头，继续说道："我愿意拿出两所铜以助军费。"

一个多月过去了，没有人响应克勤郡王的号召——捐助军资，另一方面，朝廷仍在铸造大钱。一次上朝，克勤郡王又一次提及了这件事："当五百、当千的大钱不可以再铸了，当四百、三百、二百的大钱也不能再铸了。"皇上这次听完克勤郡王的上奏却并没有表示赞同。克勤郡王自然明白皇帝的心思，于是又上奏道：皇上，臣提议，我们可以鼓励那些捐钱购铜的大臣，让他们自己暂设钱局，并且铸钱的时候在钱背上加上自己府号。

自设钱局这件事在咸丰皇帝这肯定是万万行不通的，咸丰帝听完庆惠这一番提议之后，冲他大怒道："我堂堂大清帝国怎么会缺你们那几个钱？你管的是不是太多了点了？你这样的提议，难道是想让我们大清帝国分家吗？"庆惠见咸丰帝龙颜大怒，连忙跪地磕头称自己"不敢"。其实朝中的大臣中，已经有一部分人将捐助军费的银两准备好了，就等着皇帝开口或者哪个带头的大臣捐助，有人捐了，大家也就都捐了。而今日咸丰帝如此这般怒斥庆惠，不免有一群大臣们心中暗喜——看来，捐助军队的钱是可以省下来了。更有见风使舵者，私下议论克勤郡王庆惠是想趁此机会表现自己，拍皇帝马屁，可又没拍好。

　　本是好意的克勤郡王庆惠被咸丰帝突然的怒斥窝了一肚子的火，而自己捐助军队所购的铜已经送到了户部铸钱局，花了钱，惹了气，还遭到了朝中文武百官的白眼，克勤郡王一肚子火地回到府中。就在克勤郡王正沮丧的时候，见到桌子上有一枚大钱，将其拿在手中，看到钱上有"咸丰元宝"四个字，于是克勤郡王庆惠自言自语道："我本来是为着祖宗的江山着想，为了你咸丰皇帝的社稷考虑，你非但不领我的情，反而还在文武百官的面怒斥我。"庆惠越想越气，不禁心中咒骂，咸丰你不是国破就是命亡，你统治的江山，长久不了。而一番埋怨咒骂过后，克勤郡王却只能独自摇头苦笑，草虫只能对土喧，克勤郡王庆惠除了忍气吞声，又能怎么样呢？克勤郡王将大钱放在手中把玩，翻过大钱见后面的"当千"时，又一次怒气上窜，火的就是这个"当"字、倒霉的就是这个"当"字，好心捐钱还挨皇帝怒斥，实在是倒霉到家。这时正好府中侍女前来送茶，于是庆惠便命其拿来纸墨笔砚，饱蘸浓墨地在纸上提笔写了一个"当"字，并在"当"字的上部左右各加了重重的一个点，意思就是：我明明好心捐铜，反而挨责骂，就倒霉在你这个"当"字上，以后别说是铸"当千"，就算是铸"当万"我也绝对不会开口管这般事情。写完字的克勤郡王心情有些平复了，于是便将这个左右上方有点的"当"字纸放在了桌子上，府中侍女整理桌台的时候便将这张纸夹入了克勤郡王行走的公文当中。

　　公文被送到肃顺那里，肃顺看到了克勤郡王这个左右带点的"当"字，心中明白，这克勤郡王庆惠肯定是受到了皇帝的怒斥而心中不悦，送来了这一纸左右有点的"当"字，就依了他吧。于是肃顺下令命铸钱局在用克勤郡王庆惠捐助的铜铸钱的时候，在钱背上的"当"字左右各加一个克勤郡王所点的点。

　　后来咸丰帝看到了这枚"当"字左右带点的钱便问肃顺是为何，肃顺并没有实报这是克勤郡王因心中窝火而写，随口答道："星月同辉保主万年。"从那之后，克勤郡王府里的中堂上也多了一副对联：是非只因多开口，惹祸只为强出头。从此，凡是与自己无关的事情，他再也不随便开口了。

这则小故事虽然只是传说，但克勤郡王确实是为军队捐助过铜，用以铸造钱币。铸钱的钱局是清朝户部宝泉钱局，所铸造的咸丰钱品种有当五十、当百、当二百、当五百和当千五中币值，每个钱币的"当"字上左右都有点。

当"咸丰元宝"当五百、当千这样的大钱铸造出来之后，受到国人的普遍反对，因为百枚铜钱回炉融化后，可新铸当千钱四枚，牟利特别大。虽然朝廷规定说"当五百"和"当千"这样的大钱要用紫铜铸造，但是民间却不管这些，纷纷开炉私自铸造钱币，铸造出来的伪钱币比真钱币还要多，黄铜钱比紫铜钱多，无奈之下，朝廷只好废掉"当五百"和"当千"这两种大钱。

北洋总理熊希龄在北京的住所

民国后，最后一代克勤郡王晏森将王府售给了北洋政府国务总理熊希龄为住宅。

熊希龄一生头衔众多："湖南神童""民国总理""世界红十字会中华总会会长""平民慈善家"等等。

熊希龄自幼便接受严格的家教，一心向学。熊希龄六岁在凤凰镇发蒙，据传，他"闻一知十"，《三字经》只用了三四天便背得滚瓜烂熟。因为禀赋出众、好学深思且勤奋过人，熊希龄在少年时代便闻名遐迩，被誉为"湖南神童"。他15岁中秀才，22岁中举人，25岁中进士，后点翰林。1913年当选民国第一任民选总理。

由于他反对袁世凯复辟帝制，不久就被迫辞职。熊先生晚年致力于慈善和教育事业，创办香山慈幼院。在此期间，他邀请蒋梦麟、胡适、李大钊、张伯苓等数十位当时著名的教育家，担任香慈评议会的评议员。出谋划策，一块帮助慈幼院办教育。

1926年，新的教育宗旨确立：本院为救济孤贫儿童，施以发达身心之完善教养，以植立德智体群四育之基础，而能独立生计，适应社会需要，以养成健全爱国之国民宗旨。

熊希龄穷其后半生之力从事慈善教育事业，他曾将自己的家产，全部捐给了社会慈善教育事业。

醇亲王府——两代潜龙，一朝摄政

基本概况

1. 总述

清醇亲王府连续出了两个皇帝、一个摄政王，也就是所谓的"两代潜龙，一朝摄政"，可谓是清朝史上前所未有的声名显赫。

2. 地理位置及主人变迁

醇亲王府位于后海北岸。前身是清初大学士明珠的宅第。后乾隆帝封其十一子永瑆为成亲王，并将明珠府赐予永瑆，随即按王府规制改建。此府传至毓橚时，被赐予醇亲王奕譞。奕譞的原王府在西城区太平湖东里（今中央音乐学院）。因光绪帝生于此府，成为潜邸，故光绪继位后醇王必须迁出。故醇亲王原在太平湖的王府称南府，后海北沿的新王府称北府。1949 年后成为宋庆龄在京的住所。

最初的主人——纳兰明珠

追溯醇亲王府的根源，我们还不得不说到一个人，他就是康熙年间最重要的大臣之一——纳兰明珠。在王府还没被改称为醇亲王府的时候，此处一直是纳兰明珠的住所，那么，这个纳兰明珠是怎样的一个人呢？

纳兰明珠曾是清康熙年间名噪一时的重臣，权倾朝野，被人称之为"相国"。他在官居内阁的十几年中，在很多重大事件中都扮演了相当关键的角色。但同时，纳兰明珠作为封建权臣，他利用康熙帝对他的宠爱和信任，独揽朝政、结党私营，最后被康熙罢黜职位，后来虽官复原级，可纳兰明珠却再也得不到重用，最后郁郁而死。

那么，这个纳兰明珠究竟是怎样一个人呢？是好是坏？是忠是奸？下面，让我们回顾历史，挖掘这位康熙重臣最真实的一面。

出身与发迹之谜

在美丽的松花江畔，有一支强大的女真势力——海西女真。海西女真被分为四个部落，合称为"扈伦四部"，而在这个扈伦四部当中，实力最强大、雄厚的就是叶赫部。我们的纳兰明珠家族，就是在这个部落。然而，部落的辉煌也只是昨日的风光，等到纳兰明珠出生的时候，部落早已衰败。因为雄心勃勃的努尔哈赤想要让女真的各个部落统一，所以便带领他的建州女真对其他部落开始了长达 36 年的兼并战争。一个又一个的女真部落倒在了努尔哈赤的铁蹄之下，叶赫部虽然坚持到了最后，但最终还是不敌建州女真而灭亡。

后来皇太极上台，纳兰明珠的父亲刚开始被封为佐领，后来因功而升为骑都尉，世职（世代承袭的职位），这虽然并不能给纳兰明珠带来什么好处。但因为历史的渊源，叶赫家族与皇室一直保持着姻亲的关系，这使得纳兰明珠从小便有机会接近皇族。可接近皇族并不一定就代表着踏上了在官场扶摇直上的阶梯。通过联姻，明珠娶到了英亲王阿济格的女儿，阿济格一生战功赫赫，最终却因为"谋乱夺权"而被处死，为绝其后患，阿济格的子嗣不是被处死就是被消除宗籍、贬为庶人。很显然，明珠的这场联姻其实是冒了很大风险的，不光得不到任何的好处，而且还要小心受连累。

明珠聪明能干，善解人意，精通满、汉两种语言，能言善辩，而这样的性格，也正是明珠后来在官场得意的重要原因。

明珠最初的任职只是云麾使这样的小官，负责皇帝出巡时的车驾仪仗，没什么太大的权力。但明珠凭借着他的聪明能干和善解人意很快就得到了掌卫事大臣遏必隆的赏识。康熙帝继位后，遏必隆成为了四大辅政大臣之一，于是遏必隆向像康熙帝推荐升明珠为郎中，后来又升为内务府总管，就这样，明珠成为了皇室内部管理事物的管家。这样一来，明珠便有了更多的机会去接近皇室成员及其王公大臣们，由于长期观察宫廷内部的争斗，也为明珠日后进一步发展做了一个铺垫。

后来在剪除鳌拜的斗争中，明珠始终保持着一份很中立的态度，不与任何一派的人联手，也自然不得罪任何一派的人，从而很轻松地躲过了这场纠葛。明珠凭借他的智慧和努力，由内务部总管调任内弘文院学士，这样一来，明珠便进入了朝政的中枢机构。调任到这个职位后，明珠不仅做大学士的助手，还曾外出会勘河务。就这样明珠的能力又一次得到了肯定，不久之后，被提拔为刑部尚书，并参与台湾的议和活动，为日后康熙收复台湾做好了铺垫。

三大功绩之平定"三藩之乱"

明珠虽然很快就迁升至要职，但要说到其得到康熙皇帝的格外青睐，还是从议撤三藩开始的。三藩指的是平西王吴三桂、平南王尚可喜和靖南王耿精忠，因为当时的三藩手握重兵，每年消耗的粮饷就要占据全国财政总收入的一半之多。他们雄踞一方，权力很大，其中平西王吴三桂甚至可以自由选任云南、贵州两省的官员，并称之为"西选"。因为这样的权力和兵力，三藩更是骄横无忌，残害百姓，成为了清朝中央政权的巨大威胁。这可使年轻的康熙帝伤透了脑筋，并把三藩问题作为要解决的三件大事之一，并将它写下来时刻警示自己，日夜思考解决的办法。

说来也凑巧，此时，镇守广东的平南王尚可喜奏请返回辽东养老，并由他的儿子尚之信袭封王爵，继续驻守广东。接到奏折后的康熙帝感觉这是一次撤藩的好机会，便让议政王大臣与户、兵二部议奏。此时已经是兵部尚书的明珠主张，应该同意尚可喜返回辽东养老的请求，但是他的儿子不可以承袭爵位。于是朝廷遂下令尚可喜撤藩，这样一来，使其情况与尚可喜相同的另外两个藩王顿时处于了一种尴尬的境地里。这样一来，平西王吴三桂和靖南王耿精忠也不得不上书朝廷申请撤藩，其实两个藩王上书的主要目的不过是想窥测下朝廷的动向罢了，从内心来讲，他们还是很希望康熙帝能够降旨慰留他们的。三藩当中势力最弱的则是靖南王耿精忠，所以对他的撤藩申请，议政王大臣会议很快就表示同意。但对于平西王吴三桂，会议则引起了激烈的争议。

以大学士索额图、图海为代表的官员认为，平西王吴三桂在云南镇守，虽然存在诸多的弊端，但从大体来看还算安定，如果吴三桂撤藩，云南方面可能会出现不稳定，而且还可能带来一些不必要的麻烦，所以应该让吴三桂继续在云南镇守。其实说来说去，他们就是怕吴三桂起兵造反。而另一面反对保留吴三桂藩属的明珠则与康熙皇帝的本意相吻合，这也显示出了明珠有一定的政治远见。面对大学士索额图等人所担心的"撤藩造反"，康熙帝说："三藩等蓄谋已久，不早除之，将养痈成患。今日撤亦反，不撤亦反，不若先发。"遂下令吴三桂所属官员，全部迁离云南。而另一面的吴三桂，也在党羽的怂恿下，与耿精忠、尚之信等人挑起了"三藩之乱"。

吴三桂造反的消息很快就传到了清廷，这个震动全国的消息很快让那些反对撤藩的大臣们活跃了起来，他们主张以和为贵，纷纷建议康熙帝取消撤藩的谕令。而大学士索额图更是上奏请求康熙帝杀掉主张撤藩的纳兰明珠等人，以安抚吴三桂。但却遭到了康熙帝的断然反对，并说，这是朕自己的主意，与其他人何干？而此时的满朝文武，只有明珠最了解康熙帝的心思，他联合户部尚书米思翰与刑部尚书莫洛，强烈支持康熙帝撤藩的决议，更是主张以武力讨伐吴三桂为首的叛军，这一策，深得康熙皇帝的赏识和欢心。吴三桂在云南期间，他的儿子吴应熊和孙子吴世霖一直留在京城，并作为了清廷的人质，为了向天下表示铲除吴三桂的决心和能力，纳兰明珠向康熙帝建议，应立即将吴应熊和吴世霖处死，康熙帝听后认为言之有理，当即同意，将吴三桂的儿孙拖上了断头台。远在云南的吴三桂得知这一消息后，大惊失色，深知自己遇到了强劲的对手了，还未等开战，气焰已经矮了三分。

此后的日子，纳兰明珠协助康熙帝，全身心地投入到了平叛吴三桂的斗争当中，他不仅主持兵部的日常工作，还经常参加议政王大臣会议，通过对敌我军情的分析，制定应对的策略，从兵将的调遣到粮饷的供应，纳兰明珠为平定叛乱做出了重要的贡献。

为了减轻平叛的压力，纳兰明珠采用了"奖忠抚叛"这样的政策，努力安抚汉族下层的地方官员，便极大地分化了瓦解了反清的阵营。为了团结汉族知识分子，纳兰明珠还会同九卿奏准，在清廷控制的区域内添行乡试，但湖广、江西、福建等战乱地区的考生也一样可以参加考试，这样一来，大大地缓解了满汉之间的矛盾，为促进平叛的顺利进行起到了一定的积极作用。

三藩之乱被平定之后，朝廷论功行赏，纳兰明珠被提升为武英殿大学士，并且长期掌管兵部尚书的要职。

三大功绩之收复台湾中的作用

台湾问题，一直是令康熙帝头疼的一个问题。台湾虽然被郑成功所收复，但其对清廷则是极力抵抗，这又成为了清廷统一全国的又一大障碍。郑成功去世后，他的儿子郑经继位，对清廷依旧持着抵抗的态度。

在台湾收复的问题上，康熙帝本人其实是很愿意通过和平的方式去解决的。于是，康熙帝就派刑部尚书明珠等人前往台湾去试探郑经的态度。郑经虽然对来使以礼相待，但是却不肯接受康熙帝的诏书，唯独打开了纳兰明珠的信件仔细阅看，并礼貌地回信表示感谢。随后，郑经又派人到泉州与纳兰明珠就台湾的事宜"讨价还价"，但郑经坚持"执朝鲜事例，不肯剃发，世守台湾，称臣纳贡而已"。

清军入关之后，按照满族人的习惯，强制性地在全国推行"剃发令"，这曾引起了汉族人的强烈不满和反抗，但清军毕竟刚刚入关，剃发之事不仅仅是满族人的习惯，而且还是清朝统治是否被承认的试金石。在纳兰明珠与郑经"讨价还价"的过程中，明珠始终坚持剃发之事，极力强调台湾乃是中国的固有领土，不能以朝鲜之例办理。在谈判的过程中，明珠为了将台湾收复作了很大的让步，并同意让郑氏"封藩、世守台湾"，但是事先声明："既然受封称臣，岂有异其制，另其服乎？"除此之外，明珠还遵从康熙帝的旨意给郑经写信："剃发一事，所当一意仰从，无容犹豫者也。"并特意派人劝郑经剃发附清，但郑经始终坚持己见，不能剃发，谈判破裂。

后来郑经因病逝世，其后嗣发生纠纷，郑经的长子被杀，年仅12岁的次子郑克爽袭王位。见此局势，福建总督姚启圣请求朝廷合兵进剿，明珠等人也认为这是一个好机会，利用郑氏集团间的相互猜忌，从而彻底解决台湾问题。康熙帝在与明珠等人商议过后，遂任命福建将军、总督、巡抚、提督等人同心协力，平定海疆。但明珠考虑到，如果安排总督和提督共同指挥进剿军队，指挥间势必会相互牵制，最终可能会徒劳无功，但如果由一个人来统一指挥，其意志则容易得到执行，收复定会成功。康熙帝接纳了纳兰明珠的建议，并让福建提督施琅一人独自统兵进发，于康熙二十二年（1683）顺利解决收复台湾。

清军将台湾占领之后，本是想将郑氏的人安插到直隶、河南等处，但却担心郑克爽滋事，于是接受了明珠的主张，将他们编入旗人中并严加看管，以免其生事。另外，康熙皇帝还采纳了纳兰明珠的建议，任用了很多有作为的人物。

其实在关于台湾弃守的问题上，明珠的态度一直是十分鲜明的，内阁学士李光地等人之所以坚持主张弃守台湾是因为在他们看来，驻守台湾一定会加重朝廷的财政负担，这样一来他们便无利可图。正是因为明珠等人的坚持驻守台湾，最后才会将台湾收复，康熙帝后来还下令设台湾府，隶属福建省，从此，台湾与大陆的政治、经济、文化的联系也变得更加密切，而这些，纳兰明珠实在是功不可没的。

三大功绩之抵御俄罗斯入侵

在中俄边界的问题上，纳兰明珠也有着卓越的功绩。纳兰明珠陪着康熙帝到去东北考察，到达吉林乌喇地区慰问边防的将士们，并协助康熙帝调派黑龙江将军萨布素两次围攻雅克萨，迫使俄方同意用和平谈判的方式去解决一直在中俄边界存在的争端。

康熙二十五年（1686），文纽科夫和法沃罗夫作为俄国代表来到北京与中方进行会谈，中方的代表则是康熙帝的重臣——纳兰明珠。面对俄方的无理取闹和颠倒是非黑白，明珠遵照康熙帝的指示，义正词严地驳斥对方，并指出："我国向无侵犯尔国之处，尔国人却无故施放枪炮，杀我居雅克萨等地徒手虞人（即猎人），并屡次纳我逃人。"一番会谈之后，俄方代表同意俄军出降并且退往雅克萨。同时，因为俄方代表的穿着单薄，他们恳求明珠可以让他们在此贸易一日，从而置办与货价相等之衣物，免得在这样寒冷的时节冻死在途中。明珠将俄方代表的请求上奏给康熙帝，康熙帝为了表示宽大，特地批准俄方代表可以推延十日，以进行贸易。明珠与文纽科夫在北京的这场谈谈判，为日后签订《尼布楚条约》创造了必要的条件。

结党营私

想要站的稳，自然在朝中的势力是必不可少的，早就看明白这一点的纳兰明珠不断使用各种手段为自己培植势力，提拔和网罗党羽。很快，纳兰明珠在朝中发展起了自己的势力，并形成了自己的一个官僚集团，时称"北党"，而这个官僚集团当中都有哪些成员？这些成员又是怎样归入纳兰明珠的旗下的呢？

山东省兖州府推官（管理地方刑狱）余国柱，就是因为善于逢迎所以被明珠一手提拔上来，先是升至左副都御史，然后任江宁巡抚，内升左都御史，迁户部尚书，一直升到武英殿大学士。因为余国柱与纳兰明珠的结党私营，所以在当时被人称为"余秦桧"。佛伦原本只是一个低级官员，后来被升至内务府总管，因为善于向皇帝密奏而被纳兰明珠相中，后被提拔为户部尚书。因为德格勒深受康熙的信任，纳兰明珠又将其拉拢，后来德格勒做了大学士，成为了纳兰明珠的重要同党。

就这样，纳兰明珠等人相互勾结在一起，把持朝政，结党私营。当时的社会上甚至出现这样的民谣："要做官，问索三（索额图）；要讲情，问老明（明珠）。"由此可见纳兰明珠的势力之大。康熙皇帝每次任命官员的时候，纳兰明珠都会提前知道消息，并会对被任官的那个人说，你的官职是我给你推荐的。而如果康熙帝对任命的人表示不满，纳兰明珠就会说，皇帝虽然不喜欢你，但是我会替你说好话的。湖广总督张千明就是纳兰明珠举荐的，但后来被揭发失职，康熙帝知道后便要追究其举荐人的责任，而内阁票拟（票拟，又称票旨、条旨、票本、拟票、拟旨。系指对中央、地方各衙门及臣僚呈送皇帝的章奏，内阁根据有关法规和典章律例代拟初步处理意见，以备皇帝裁决时参考。）面对皇帝的质问，竟然不敢说出纳兰明珠的名字。纳兰明珠这个人，表面看上去虽然是为人谦和，但实际上他和索额图并没有什么两样儿，对于那些不肯依附自己的人，他就背地里设置阴谋，加以陷害。宁夏提督赵良栋，为人生性直率，虽然在平吴三桂的叛乱中立了大功，但却因为不肯巴结明珠等人而被迫以病休为名，归居乡里。赵良栋不服，趁着一次被康熙帝召见的机会，申诉被明珠等人陷害的情况。然而康熙帝听后不仅没有严惩明珠，反而责备赵良栋心胸狭窄，言语粗率。有了康熙帝这般的袒护，更是使得纳兰明珠有恃无恐，而其党羽也是鸡犬升天。他宠幸的奴才安图是京城当中许多达官贵人想要巴结的人物，甚至安图的儿子还娶了一位宗室的后裔可想而知当时纳兰明珠的权势。

在朝中，纳兰明珠的势力虽然已经范围很大且地位稳固，但依旧有一些不与之附和甚至反对他的声音，面对这些人，纳兰明珠只有一个政策——彻底铲除。

江苏巡抚汤斌，因为曾与纳兰明珠有过一些小摩擦而让纳兰明珠一直记恨在心，但因为汤斌为官清廉、政绩斐然，在地方都有着很好的名声，所以明珠对其并不好"下手整治"。与同党商议过后，纳兰明珠在康熙帝面前举荐汤斌回朝做天子的师傅，其实目的是想陷害汤斌。汤斌才刚回朝没多久，纳兰明珠、余国柱等人就指斥汤斌辅太子失礼，讦告汤斌在江苏做巡抚的时候，所发布的文告中有"爱民有心，救民无术"一语，是有意诽谤朝廷。受了诬告的汤斌无力反驳，只能请加处分，最后在明珠等人的打击下，郁郁而死。

就在纳兰明珠势力如日中天的时候，他与另一权势大臣索额图之间的矛盾逐渐尖锐起来。其实早在平定三藩的时候，因索额图与明珠政见不同，两个人就已经彼此看不顺眼，后来索额图更是主张诛杀纳兰明珠等人以慰藉叛军，两人因此结仇，从此各立门户，势不两立。

这个敢与纳兰明珠势力相对峙的索额图是何许人也呢？索额图原本是康熙帝的一等侍卫，是辅政大臣之首索尼的第三个儿子，曾在剪除鳌拜的斗争中立下了很大的功劳，因此得到康熙帝的重用。索额图被升任为保和殿大学士，两年后加封为太子太傅，成为了一人之下，万人之上的是太子辅，而此时索额图的势力也是急剧地膨胀起来。逐渐的，索额图开始广结党羽，对于那些不附和自己的人进行打压。很快，在索额图的周围就集结了大批的满族贵族与汉族官僚，这对康熙帝的专权形成了不小的冲击。这也是为什么在三藩平定之后康熙帝要升明珠为大学士，从资历、才能和功绩来开，明珠的确当之无愧，但其实康熙帝的真正意图是想借明珠去牵制索额图。值得一说的是，索额图还是太子胤礽的外祖父，所以索额图是全力支持皇太子继位的。

在明珠的势力逐渐显赫起来之后，索额图、明珠两个人更是相互排挤打击。明珠利用康熙帝对自己的信任和倚重，不断地排挤、打压索额图集团的势力。因为索额图与太子之间的关系，明珠便将依附在太子身边的人也全部暗中排挤。为了自身利益的需要，纳兰明珠开始发展起了"长子党"，就是帮助皇长子胤褆拉拢大学士余国柱等人，成为了"长子党"的核心人物。

对于索额图和明珠两人的结党私营，其实康熙帝是有所察觉的。后来索额图因病辞去了大学士职务，改任内大臣，授议政大臣。对于明珠，康熙帝觉着这些人都是自己一手提拔上来的，一定会对自己忠心，便于使用，所以不忍心加罪，只是在召见的时候会说一些道理叫其收敛。但是，这种方法在明珠身上根本不起作用。康熙帝的一再放纵，只会让明珠更加猖狂。

其实让明珠害怕的人倒也不是没有，朝中几个言官总是"风闻奏事"，这让明珠等人很担心他们会说出对自己不利的言论，于是明珠等人便在内阁选拔的时候控制了言官的考核，与这些言官订立了盟约，规定，如若有事上奏皇上，一律要先向他请示，从而达到他牵制言官的目的。监察御史李时谦、吴震方二人因直言不讳而让明珠怀恨在心，于是寻找事端陷害二人，这样一来，别的言官更是不敢再多嘴多舌了。

明珠倒台

纳兰明珠之所以这样张扬跋扈，大部分原因是康熙皇帝放任的结果。但康熙帝最终对纳兰明珠还是忍无可忍。

湖广巡抚张千因做官失职而被调查，参劾他的御史陈紫芝更是将矛头直指张千的后台纳兰明珠。康熙帝因此向各大臣调查明珠，得知明珠的猖狂之后便问大臣高士奇，为何没人参劾明珠等人。高士奇回答说："每个人都害怕死，怎敢参奏。"康熙帝怒道："不信他们的势力还能大过四大辅臣，我想要除去他们就能除去，有什么可怕的？"高士奇见康熙帝如此态度，说道："有皇上您做主，还有什么不能除去？"于是，高士奇与左都御史徐乾学密谋参奏。

高士奇本也是明珠荐引的人，而徐乾学是因为依附明珠等人而得以攀升。康熙帝知道徐乾学在学士林当中的名望，所以便不断给徐乾学升迁的机会，也是将他作为日后打击明珠的工具。康熙帝还特意命徐乾学入职南书房，南书房本来是皇帝的一个顾问机构，后来常代皇帝拟诏令、谕旨，参预机务。因为在这里可以接近皇帝，为皇帝的决策重大事宜，特别是对于一些大臣的升黜有一定的影响力，所以，能够入职南书房的人虽然地位并不显赫，但却被受众人尊重。而康熙帝特意命徐乾学入职这里，也是想表示对他的信任与肯定。徐乾学升任左都御史后，与纳兰明珠的亲信佛伦发生矛盾，而且徐乾学与纳兰明珠的另一个亲信余国柱也曾经结过恩怨。因此，徐乾学与纳兰明珠等人分道扬镳。

纳兰明珠被奏，革去大学士职务，他的党羽也因多项罪名而被下令革职。此后，康熙帝虽将其留在身边并又任命为内大臣、议政大臣等职务，但纳兰明珠当年的权势却是一去不复返了。

相传，就在郭琇上疏（"上疏"是在朝官员专门上奏皇帝的一种文书形式）弹劾明珠的那一天，正好也是明珠的生日。郭琇入朝进呈奏章之后就直接去往明珠府，而当时的明珠正在家中大摆宴席庆贺生日，听说郭琇来了十分高兴，以为是来给他庆贺生日，于是马上将他请进宴会厅。郭琇将奏章文稿拿出给明珠，明珠以为是祝寿的诗章，所以更为高兴。就当明珠乐得合不拢嘴的时候，郭琇正色说道："是弹章也！"然后喝了一杯酒便扬长而去。

变出奇招，设计自救

明珠被弹劾入狱之后，他并没有为自己辩解。这个在官场上混迹多年的老狐狸心里怎么会不明白，这一切其实都是康熙皇帝的旨意，自己多年的猖狂最终让一直放纵他的皇帝忍无可忍，下定决心对自己下手，而御史不过是奉命行事罢了。纳兰明珠看得清楚，康熙皇帝这次是摆明了要将自己搞倒，俗话说得好，君要臣死，臣难道可以不死吗？而这个问题放在纳兰明珠这个老狐狸身上，答案却是——可以不死。

就在这样危急的时候，纳兰明珠想出了一条救自己的绝妙计策，这条计策不仅一般人想不到，而且一般人也不敢去想。这条大胆的计策就是——找人告自己谋反。这个计策确实是一般人不能理解的。纳兰明珠的罪名虽然不轻，但也不至于必死，而且纳兰明珠当年在平定三番、收复台湾时都曾立下大功，康熙皇帝对他一定可以法外开恩。但如果纳兰明珠被告了谋反这样最大的罪名，不光自己老命不保，就连九族都会受牵连。聪明一世的纳兰明珠为什么要这样呢？这还得从他与索额图的斗争开始说起。

纳兰明珠和索额图之间的明争暗斗，康熙帝其实看得清楚，而且，这也正是他想要的结果，因为只有这样，这两股势力之间才能互相牵制，而不致威胁到康熙帝自己本身的地位。与此同时，这两股势力之间也不至于有某一方势力发展过快，如若这样，就很需要另一派势力的发展壮大，从而达到平衡。

据说，当时纳兰明珠让人冒充索额图的人给皇帝上奏，弹劾明珠"结党营私、动摇国本、图谋造反"，这是高招，同时又是险棋，给索额图下了个套，也实实在在地给康熙帝出了一个大难题。在康熙来看，纳兰明珠谋反是绝对不可能的事情，这只是索额图势力集团中的人借机攻击纳兰明珠的一个假象罢了。而且，就算谋反这件事是真的，纳兰明珠的党羽众多，此次谋反，绝不可能只治罪一两个人，而牵扯众多朝廷要员的时候又不敢草率定罪。更何况，明珠势力的官员们为了保住自己，定会誓死保住明珠，这样一来，又不知道会闹出什么乱子来。最后，如果真的定罪明珠谋反，将其党羽也一同扳到，最终得益的只会是索额图，而索额图这个人也不是个省油的灯，朝中只剩他势力范围内的人，对康熙帝自然也没有好处。

最终，为了维护大局，保住朝中力量的平衡，康熙帝只好将纳兰明珠重重拿起，又轻轻放下。

出身于清室宗亲的书法家

如果说纳兰明珠并不算是醇亲王府的主人，那么，爱新觉罗·永瑆一定得算是醇亲王府里的第一任主人了。

爱新觉罗·永瑆，虽然在历史的知名度上并没有乾隆和刘墉高，但他与他们都有直接或间接的关系。因着血缘，他与乾隆是父子关系，因善于书法，他与翁方纲、刘墉、铁保并称"乾隆四家"。

爱新觉罗·永瑆是清高宗乾隆帝第十一子，嘉庆皇帝的哥哥，被封为成亲王。后又命其在军机大臣行走，总理户部三库。《清史稿》称："亲王无领军机者，领军机自永瑆始。"永瑆成为清朝历史上第一位作为亲王的领军机大臣。后嘉庆皇帝以永瑆年老多病，罢一切差使，毋庸在内廷行走。

永瑆的嫡福晋为富察氏，大学士傅恒之女。据闻永瑆为人吝啬，富察氏生活艰苦，除了被永瑆没收嫁妆外，穿的是粗衣麻布，吃的也是清茶淡粥，堂堂大学士千金，又是皇室福晋，过的是竟然这般的生活！

抛开这些不谈，永瑆的书画造诣颇深。永瑆的书法以楷书、行书著称于世，是清代著名的书法家。他对书法的喜爱，源于自幼酷爱书法艺术，加上得天独厚的条件，他得以窥内府所藏，而自藏又甚富，书名重一时。

他最开始学赵孟頫的书法，后来也学习欧阳询书法的特点，并广泛地临摹晋、唐、宋、明各家书法，因而形成了端正清丽、劲俏流畅的风格。

他曾书《裕陵圣德神功碑》，嘉庆帝称："朕兄成亲王，自幼精专书法，深得古人用笔之意，博涉诸家，兼工各体，数十年临池无间，近日朝臣文字之工书者，罕见其右。"当时颇享盛誉。而他的家藏书画极富，刻有《诒晋斋法帖》，著有《诒晋斋诗文集》《随笔》《全龙集》等，传世书迹甚多。因作者的身份地位，以及作品的遒劲婉丽，其作品具有较高的艺术收藏和历史收藏的价值。

低调谦卑的王爷

醇亲王府里的另一位主人，醇亲王奕譞可谓是晚清皇室的显赫人物，他是光绪帝的父亲、溥仪的祖父。一个醇亲王府连续出了两个皇帝，这在清朝史上前所未有。然而，这些荣耀并没有照亮这位醇亲王黯淡的一生。自从四岁的儿子载湉被慈禧选入宫中继承皇位开始，奕譞就过上了如履薄冰、战战兢兢的生活。

治家格言

在醇亲王老福晋的房子里，挂了一幅"治家格言"，这是第一代醇亲王奕譞亲自拟定并书写的："财也大，产也大，后来儿孙祸也大。借问此理是若何？子孙钱多胆也大，天样大事都不怕，不丧身家不肯罢。财也少，产也少，后来子孙祸也少。若问此理是若何？子孙钱少胆也小，些微财产知自保，俭使俭用也过了。"作为清末最显赫的家族成员，奕缳有这样清醒的认识的确是难能可贵的。

谦卑的作风

同治皇帝生前一直没有子嗣，因此当他驾崩后，慈禧太后安排其侄子兼外甥载湉入继大统，是为光绪皇帝。按照皇家规范，光绪帝在皇统中当为咸丰帝的嗣子。而在实际上，他的亲生父亲则为醇贤亲王奕譞，同时他还是慈禧的亲妹夫和小叔子。

《翁同龢日记》上说，当奕譞获知载湉继统消息后，竟"碰头痛哭，伏地不能起"。很快，他就向慈禧递交了一份辞职报告。在接到奕譞的这个辞职报告后，慈禧允其所请，下诏免去了奕譞所担任的差事，但明谕其亲王衔可以世袭罔替。即使对于这么一点仅剩下的权力，奕譞还是不放心，曾经再次上疏恳辞，但却没有获得慈禧的批准。

辞去各项官差的奕譞夫妇，在京城过起了赋闲在家的平静生活。费行简的《近代名人小传》说他们夫妇："自是恒年余，闭门不接宾客。"

醇亲王是光绪皇帝的父亲，按理说，儿子被选为皇位的接班人，他应该感到高兴才对。可他为何惊恐呢？因为他明白，此时他可能已经成了慈禧的眼中钉。他太了解慈禧的为人了，从一件小事儿就可见一斑。

奕譞的福晋是慈禧的亲妹妹，一次顶撞了慈禧，慈禧居然想出这样一个办法报复妹妹——赏给奕譞一个貌美的宫女做妾。因为是皇太后赏的，奕譞不能不要，奕譞福晋的心情可想而知。这就是慈禧的风格，她有这样一则"信条"——谁让我一时不痛快，我就让他一辈子不痛快！

这位侧福晋专跟福晋作对，因为有太后的背景，醇王府上下都对她高看一眼，加上她时常进宫打小报告，奕譞即使在家也不敢说一句真话。他自号"退潜居士"，命名自己的书房为"退省斋"，写了很多谦抑退让、感恩不忘的条幅，挂在自己的房间里。他既担心自己的命运，也忧虑儿子的前途，活得战战兢兢。

整个光绪朝，一直掌控朝廷实际权力的乃是慈禧皇太后。醇贤亲王奕譞虽为皇帝之父，却表现得相当低调，对于慈禧的指派，他总会毕恭毕敬地去圆满完成。奕譞还曾挪用海军费用修建颐和园，以讨好慈禧太后。

除了朝廷指派的任务，可以说奕譞没有也不敢接受作为君王之父的特殊权力及待遇。慈禧曾下旨赐奕譞与其福晋杏黄轿，奕譞坚辞而不敢接受。当慈禧太后决定归政于皇帝时，奕譞还曾上疏曰："愚臣以为诸事当先请懿旨，再于皇帝前奏闻。"

醇亲王之所以保持谦卑姿态，是为了保护自我和光绪帝。

四岁孩子成了"一国之君"

由于同治皇帝无子嗣，同治皇帝死后，慈禧为了能名正言顺地把持朝政，在选嗣君时，亲自指定醇亲王的次子，也就是自己妹妹的亲生儿子载湉过继给咸丰帝，登基为帝。按常理说，光绪帝也是醇亲王府众多主人中的其中一个呢。

四岁的小孩被抬进宫

半夜时分，夜幕笼罩之下的紫禁城，一阵隆隆的闷响打破了宁静，一列灯火通明的仪仗队簇拥着 16 人抬的大轿，奔出紫禁城，向西城急进。孚郡王奕谭骑在马上，领着内务府官员，直奔宣武门内太平湖东岸的醇亲王府匆匆而来。

昏迷中的奕谭刚刚被抬回家，只好由他的福晋——慈禧的妹妹叶赫那拉氏出面迎接。福晋用手捂住嘴巴没出哭声，但眼泪已是成串滴落。时不足四岁的载湉被从梦乡中唤醒，然后黄袍加身被抱上轿。

载湉在奶妈的怀抱中哭得上气不接下气，乘坐 16 人抬的大轿，进入紫禁城。就这样，年仅四岁的光绪成了"一国之君"，失去了天真幸福的童年……根据慈禧的要求，光绪帝要管慈禧叫"亲爸爸"。他进宫不久就成了慈禧垂帘听政的工具。

辛酸的童年

至于光绪的童年，可以用这样一句话来形容：无亲情温暖，惨遭太监虐待。光绪进宫后，慈禧太后召来了自己的亲信、首领太监李莲英，命令李莲英安排光绪皇帝的生活。

据宫中的太监追忆，小光绪帝进餐的时候，太监把小光绪帝抱上椅子，然后就不管了。光绪帝还没有桌子高，一旦就座自然下不来，太监又不把餐桌上的菜肴依次端来，光绪帝只好吃眼前的几样，顿顿如此，时间一长哪有胃口？

后来御膳房得知皇帝只吃眼前的几样菜肴，十分高兴，他们也想出了个取巧的办法：除了皇帝眼前的几样菜以外，其他菜肴这顿撤下来下顿照上不误。所以，每顿饭的上百样菜肴基本是"臭腐"不可闻的"原馔"，而且，眼前的几样菜也"大率久熟干冷不能可口"。另外，有的太监怕光绪帝消化不良，顿顿饭不让他吃饱，把他饿得直哭；有的太监怕光绪帝受风着凉，天热了还让他穿着厚厚的衣裳。

慈禧太后对光绪要求极为严格。小光绪帝不能稳坐宝座，慈禧轻者呵斥，重者责罚。慈禧责罚光绪帝的办法有二：一是罚跪，二是不让吃饭。一次光绪帝被罚挨饿，他流着眼泪回到寝宫，饿得难以忍耐，居然溜到太监的住处翻找食物，找到食物后撒腿就跑。太监连忙追赶，待捉住小光绪帝的时候，馍馍已经被吞咽了一半儿。太监将此事禀报慈禧，慈禧责骂了光绪帝一通，然后罚他跪一个时辰。

小光绪帝三天两头受到"亲爸爸"的处罚，平日里也看不到慈禧的好脸色。据梁启超的《戊戌政变记》记载："积威既久，皇上见西后如对狮虎，战战兢兢，因此胆为之破。"

少帝时期

光绪帝的少帝时期依旧是在慈禧太后的呵责下长大的。

因为经常"吃不饱、穿太暖"，犯点"错误"又要遭到慈禧这个"亲爸爸"的严厉呵责，在这样生理和心理的双重压迫下长大的光绪帝，成了一个体弱多病的小皇帝。

根据清朝皇室的规定，刚刚年满六岁的小光绪帝开始上学读书，读书的地点就在毓庆宫。慈禧为光绪帝选了两个老师，一个是侍郎、内阁学士翁同龢，教授光绪帝。还有一个是侍郎夏同善，教授光绪帝写仿格、写字。与此同时，小光绪帝不光要学习这些基本的知识，还要随专门的御前大臣学习满语文、蒙古文和骑射。

在一个全新的环境当中开始学习，面对的老师又是那么的陌生，身边的伴读也是根本不熟识的人，这让六岁的小光绪帝对这一切十分不适应。在刚开始上学的时候，他每天都哭、闹、发脾气。翁同龢和夏同善把这个情况报告给了慈禧，慈禧得知后叫人劝说开导小皇帝，可还是没有作用，光绪帝依旧摔书摔本。没有办法，慈禧便将光绪帝的爸爸找来，让醇亲王奕谟到毓庆宫陪着他读书。这个办法果真有效，不多久，光绪帝便开始慢慢适应、习惯了读书的生活。光绪帝很聪明，又用功，记忆力也是强得惊人，对新的知识吸收得很快，字写得也很不错，能作诗、写文章。而且老师翁同龢不仅教授其帝王的"仁爱"之心，对小光绪帝的生活也是特别照顾。有一次慈禧生病了，宫里上上下下的人都忙碌着去伺候慈禧，小光绪帝则没有人照顾，只能自己铺床、倒茶，结果弄伤了手，流了很多的血。这让翁同龢实在看不下去了，便跑去大骂主管太监，这一举动深深感动了与亲人分离的小光绪帝，便发誓要努力学习报答老师，这算是小光绪帝很听话地跟着翁同龢学习知识的一个外在因素。另外一个外在因素则是来自慈禧的压迫，因为慈禧经常打骂光绪帝，导致后来光绪帝见到慈禧都会浑身发抖，每次向她请安的时候，慈禧不叫他起来他就不敢起身，一直跪着。后来光绪帝发现，自己只要用功读书，就会少受到些责骂，于是便很努力地读书。

时光飞逝，转眼间小光绪帝已经是一个14岁的少年，当年的顺治皇帝和康熙皇帝都是14岁开始亲政的，按理来说光绪帝也该亲政了，可慈禧太后却总是说等一等，而这一等，就是三年。17岁的光绪帝该正式亲政了，可慈禧怎么可能那么轻易地就交出手里的权力呢？为了可以很好地控制光绪帝，慈禧太后便将一个长相奇丑无比的内侄女——都统桂祥之女叶赫那拉氏硬嫁给了光绪帝做皇后，也就是后来的隆裕太后。这样一来，慈禧便可以很好地监视光绪皇帝的一举一动了。

政治婚姻

皇后虽然长相不好，而且又瘦又驼背，但是在慈禧的强迫下，光绪帝还是不得不接受这场政治婚姻。

除了这个皇后，还有两个妃子也是慈禧做主选的，一个是瑾妃，一个是珍妃，这两个人是亲姐妹，但在相貌和性格上却没有一处相似。

瑾妃的相貌很平常，性格又脆弱，而珍妃则是美貌端庄且性格机敏，懂得哄人。所以光绪帝对珍妃是十分宠爱，因为珍妃的缘故，光绪帝激起了自己那份对未来的憧憬和热情。同时，也唤起了他想在政治上摆脱束缚有所作为的欲望和野心。

"亲政"时期

在受到慈禧太后太多年的压迫之后，光绪帝终于等到了自己的"亲政"时期，本以为可以摆脱了慈禧太后的控制，自己"大有所为"，可事实上却不是这样。凡是遇到大事件，光绪帝依旧要向慈禧太后请示，手里根本就没有帝王本该有的"决定权"。

初开始"亲政"的光绪帝很迫切地想要了解世界各国的情况，驻美公使张荫桓从美国回到中国，光绪帝便急切地召见他，询问国外的情况。后来光绪帝又索取驻日公使参赞黄遵宪的《日本国志》，了解日本。光绪帝在读了冯桂芬的《校邠庐抗议》之后更是萌发了改变中国积贫积弱现状的想法。由此可见，光绪帝对于国家的治理还是很上心的。

在后来爆发的甲午战争中，光绪帝主战。后来战争失败，光绪帝开始考虑如何振兴国家，一雪前耻。

后来甲午战争失败，民族危机加深，使中国进入了半封建统治的深渊。俄国取东北路权，占领旅大，英国租威海卫，法国取广州湾，中国陷入了被列强瓜分的危机当中，此时，康有为上书光绪皇帝，要求变法，这激起了光绪帝的爱国热情，公车上书之后更是坚定了光绪帝想要变法的决心。光绪帝的这一举动自然引起了慈禧太后的强烈反对，但这一次光绪帝却没有对慈禧太后唯命是从，而是坚持己见，更是对慈禧太后说："太后若不给我事权，我愿退让此位，不甘做亡国之君。"光绪帝用自己手中的权力极力支持着康有为变法，竭力挽救濒临灭亡的国家。

但变法最终还是以失败告终，光绪帝因此被囚禁在瀛台，慈禧太后再一次训政。变法虽然失败了，但这次的戊戌变法是中国历史上第一次资产阶级的改良运动，时间虽然很短，但是影响深远。

幽禁时期

光绪帝在被囚禁在瀛台的那段时间身体状态非常不好，面色苍白，神经也极度衰弱。他每天都很抑郁，并伴随着头疼、发热、脊骨痛的折磨。

1908 年 11 月 14 日，被囚禁在瀛台的光绪帝驾崩。终年 38 岁。去世后葬河北永宁山崇陵，庙号德宗，谥"同天崇运大中至正经文纬武仁孝睿智端俭宽勤景皇帝"，简称景皇帝。

人物评价

光绪帝是中国封建社会的倒数第二个皇帝，从四岁即位到 38 岁去世，在位 34 年的时间里，无论从哪个角度来看，光绪帝都是一个极具悲剧色彩的人物，但光绪帝还是具备了一个帝王该具备的所有素养。他不仅可以接受新鲜事物，而且还有一定的远见。但因为性格懦弱又缺乏政治谋略，且一生始终笼罩在慈禧太后的权力和淫威之中。所以光绪帝在政治上才没办法施展才能，有所作为。

甲午战争爆发的时候，光绪皇帝积极备战，虽然最后因国力不济而打了败仗，并被迫签订了丧权辱国的《马关条约》，但在签订条约的时候，光绪皇帝还是同日本人据理力争，试图降低损失。

至于戊戌变法，虽然最终也是以失败结束，但其对社会的发展还是起到了积极的作用，变法从客观上大大推进了中国的民主进程，加速了封建专制的崩溃。光绪帝是近代中国第一个效仿西方国家从而变革自己国家的开明皇帝。

综上所述，光绪帝是位没有实权的好皇帝。

死因争议

光绪帝的死因引来了外界的诸多猜测。因为清代官方文献和宫廷档案记载光绪帝为病死，但他在慈禧太后前一日去世，死亡时间过于巧合，这让死亡原因突然变得扑朔迷离起来。有许多野史和宫廷回忆录中记录光绪帝是被别人下毒害死，但关于凶手的推测却是各有不同。

直到 2008 年，在光绪帝去世一百年之际，由国家清史编纂委员会、清西陵文物管理处、中央电视台、中国原子能科学研究院、北京市公安局法医检验鉴定中心等单位联合组成的"清光绪帝死因"专题研究课题组，确定光绪是因为"急性肠胃型砒霜中毒"而亡。研究人员通过现代的法医学手段对光绪帝的头发、遗骨、衣服及墓内外环境样品，进行了反复的检测。经研究和分析后发现，在光绪帝的衣领部位和头发上均沾染有高浓度的三氧化二砷，也就是我们所说的砒霜。一个正常人如果服用 60 毫克到 200 毫克的砒霜就会中毒身亡，而在检验光绪帝的遗体当中，仅在部分衣物和头发上就检测出砒霜高达 201 毫克。由此可见，光绪帝生前服用的砒霜量一定不少。

确定了光绪帝的死因为"砒霜中毒"，那么这个下毒的凶手是谁，又是众说纷纭，成为了近代史上的一桩谜案。

部分人认为凶手是慈禧太后，因为她不想让光绪帝在自己死后重新掌权，所以便在自己归天之际派人毒死了光绪皇帝。而两人死亡时间又仅相差一天，所以这个"凶手"的推测自然获得了大部分人的赞同。

还有部分人认为是袁世凯下毒，在戊戌变法时期，袁世凯曾出卖光绪帝，因担心在慈禧太后死后会遭到光绪帝的报复，所以便提前派人毒死了光绪帝。不过支持这个说法的人并不多。

再有一种说法是说下毒者为李莲英，因为他听传言说，光绪帝在日记中表明，在慈禧太后死后，他将诛杀袁世凯和李莲英，这使李莲英非常害怕，于是便暗中下毒毒死了光绪帝。而这种说法的呼声也不是很高，唯有第一种流传最为广泛。

末代皇帝溥仪的出生地

继位实情

位于后海北岸的醇亲王北府是宣统皇帝溥仪的出生地。由于溥仪在此府出生，此府成为"潜龙邸"。据传，溥仪当年出生在"思谦堂"东屋。

因溥仪年幼，载沣任监国摄政王，此府又称"摄政王府"。

光绪帝和慈禧太后先后卧病不起，就在光绪皇帝去世的前一天，慈禧太后也行将不起，关于继位一事，因为光绪皇帝没有后人，所以慈禧太后在中南海召见军机大臣，商量立储人选。慈禧在军机大臣认为内忧外患之际，当立年长之人。老臣张之洞建议直接立载沣，"国有长君，社稷之福"。不料，慈禧太后听过是勃然大怒，最后议定，立三岁的溥仪为帝，并让溥仪的亲生父亲载沣监国。其实慈禧立刚年满3岁的溥仪为帝也是有原因的，慈禧是希望凭借血缘与姻缘来控制权力。

第一，溥仪的祖父奕譞的嫡福晋叶赫那拉氏，为慈禧皇太后胞妹。

第二，溥仪的母亲是慈禧的养女。慈禧懿旨将心腹权臣荣禄之女指配给载沣为嫡福晋。溥仪的外祖父荣禄是慈禧晚年的心腹重臣。

如此重重关系下缔结的婚姻，当可保慈禧之权柄不失。

"一语成谶"清末奇闻

在小溥仪身上还有这样一个奇闻。

1908年12月2日，年仅3岁的爱新觉罗·溥仪即位，成为大清国君主，也成为中国历史上"最后的皇帝"。溥仪登基后，改年号为宣统。

这位年幼的新主，由其父——新受命的监国摄政王载沣扶护着举行登基大典。载沣侧身跪着，双手扶住溥仪坐上太和殿的宝座，接受百官朝贺。3岁的小皇帝坐不住，哭喊不止，连喊"我要回家"。载沣连连哄劝说，别哭了，别哭了，快完了。这话果真应验，溥仪做了3年皇帝就"完了"，辛亥革命推倒清王朝，宣统"回家"了。

末代皇帝的"登基大典"就这样在哭闹声中草草收场。在这场哭闹哄劝中，王公大臣们也似乎察觉到了不妙，私下交头接耳，窃窃私语，怎么可以说"快完了"呢？说"要回家"又是什么意思呵？王公大臣们，议论纷纷，垂头丧气，认为这是大清皇朝的不祥之兆。

对此溥仪在《我的前半生》中回忆道：

"我被他们折腾了半天，加上那天天气奇冷，因此当他们把我抬到太和殿，放到又高又大的宝座上的时候，早超过了我的耐性限度。我父亲单膝侧身跪在宝座下面，双手扶我，不叫我乱动，我却挣扎着哭喊，我不挨这儿，我要回家！我不挨这儿，我要回家！父亲急得满头是汗。文武百官的三跪九叩没完没了，我的哭叫也越来越响。我父亲只好哄我说，别哭，别哭，快完了，快完了！"

不过，还有一种说法是这样说的，载沣当时明明哄溥仪说的是"快好了，快好了。"

末代摄政王载沣

介绍完溥仪，我们就不得不再讲到一个人，他就是溥仪的父亲——载沣。说到这个载沣，他在晚清的亲王中，家世是最为显赫的，兄弟是皇帝，儿子还是皇帝。

不辱使命出使异国

因义和团运动中德国公使克林德在北京被杀，清政府被迫向德国皇帝赔礼道歉。

关于赴德去"道歉"的亲王人选，清政府迟迟没有定下来，因为让一个皇亲国戚远渡重洋去向他国道歉，此等屈辱事唯恐避之不及，怎会有主动请缨者呢？正当亲王人选久拖不决时，德国新任驻华公使穆德向清政府的议和大臣李鸿章和奕劻推荐了年仅18岁的醇亲王载沣。

在交涉过程中，载沣毅然拒绝跪拜，坚持大义，让本想侮辱中国的德国当权者对他称赞有加。德国人认为他"慎重外交，不辱君命"。尤其让洋人称赞的是，载沣主动谢绝了国内各级官员所预备的高规格迎送礼仪，舆论对他的简朴作风一片赞赏。

不与复辟者"胡闹"

慈禧在驾崩之前颁发懿旨，命载沣当时只有3岁的儿子溥仪继承帝统。同时，授载沣为摄政王，规定此后"军国政事，均由摄政王裁定"。因此，在1908年光绪帝、慈禧太后驾崩之后，载沣就成了清政府事实上的最高统治者。辛亥革命爆发后，载沣选择了皇帝"逊位"，和平地交出政权。

载沣从此洒脱地过起了百姓的日子。

1915 年，袁世凯称帝复辟，对此，载沣只说了一个两字评语"胡闹"，83 天后，袁世凯一命呜呼。

1917 年，张勋复辟，张勋利用黎元洪与段祺瑞的矛盾，率"辫子兵"，借"调停"为名，于 6 月 14 日进北京。入京后，张勋急电各地清朝遗老进京，"襄赞复辟大业"。并于 7 月 1 日撵走黎元洪，把 12 岁的溥仪抬出来宣布复辟，通电全国改挂龙旗，自任首席内阁议政大臣，兼直隶总督、北洋大臣。这就是历史上的"张勋复辟"或"丁巳复辟"。

在此期间，停业五年多的黄龙旗店又重操旧业，但一时供不应求，许多人家只好用纸糊一面龙旗应付。而那些早就盼望清室复辟的王公贵族、遗老遗少则弹冠相庆，兴冲冲地聚集在皇宫门前等候觐见"皇上"；没有朝服的人就急忙到旧衣铺去抢购朝服，没有发辫的人就到戏装店定做用马尾制作的假发辫，他们穿上长袍马褂，晃着真真假假的大辫子招摇过市。

面对这次的复辟，载沣还是这两字评语"胡闹"，12 天后，遗老遗少的帝梦便成了空。

赦免欲取他性命的刺客汪精卫

1910 年，在北京城里发生过一起轰动一时的暗杀未遂事件，谋刺的一方是汪精卫，而谋刺的对象则是载沣。

在 1907－1908 年间，革命党人发动过一系列武装起义，但这些武装起义无一例外都以失败告终，这给革命派很大的打击，使革命士气大为低落。为了振奋士气，青年时期的汪精卫就想到了设计刺杀清政府摄政王载沣，来为革命尽一己之力。

汪精卫为革命不顾自身安危的精神，吸引了他日后的妻子陈璧君的爱恋。她听到别人说风凉话，"你有英国护照，万一出事，英国领事馆自会来救你"，陈竟把自己的护照撕成碎片，以示决心。1910 年，汪精卫和陈璧君等 4 人组建暗杀小组，来到北京以实施他们的行动计划。

载沣每天上朝的路径很固定，他们为此制定了周密计划。首先载沣本来必经鼓楼大街，不巧的是当时正在修路，结果载沣改道了。后来黄复生发现载沣必经烟袋斜街，可那条街上很难租到房子，无处隐蔽。最后，什刹海旁的甘水桥下就成为最佳的爆破地点。那地方当时三面环水，小石桥旁的大树很粗，适合隐藏，树旁还有一座荒废的道观，非常僻静。

地方选好了，刺杀计划迅速落实。小组有两名成员负责埋炸药，汪精卫负责引爆，陈璧君负责通风报信。炸弹威力巨大，引爆者必死无疑。

万万没想到，埋炸弹时出了问题。1910 年 4 月 2 日凌晨，春寒料峭，革命者正埋炸弹，突然发现有"便衣"在桥上窥探，随后还叫来了警察和宪兵，仁人紧急撤离，可炸弹太沉抱不走，一起惊天大案就这样败露了。事后，他们才知道窥探者只是路人。

在如何判罪方面，清廷内部发生了分歧。虽然有很多人主张严判，但当时的民政部尚书肃亲王善耆则主张宽大处理，希望能借此来"缓和人心"。摄政王载沣听从善耆的建议，改处死为永远监禁。后来武昌起义爆发，汪、黄二人获释，受民众夹道欢迎。

两代醇亲王——谨谨慎慎，乾乾翼翼

虽然两代醇亲王家出了两个皇帝，但两代醇亲王还是谨谨慎慎，乾乾翼翼。溥杰先生在《回忆醇亲王府的生活》中写道："在慈禧和光绪的多年反目当中，在两派你死我活常年明争暗斗的既复杂又尖锐的政局中，一方面能和慈禧方面的荣禄等人诗酒往还，终于成为亲戚关系；一方面也和光绪方面的翁同龢等人以文会友地保持着相当的关系。这是我的祖父（奕譞）所以能够一生荣显未遭蹉跌的主要原因。"

醇亲王载沣继承其父奕譞的家风，他小心谨慎，明哲保身。

胞弟载涛评价载沣："遇争优柔寡断"，"做一个承平时代的王爵尚可，若仰仗他来主持国政，应付事变，则决难胜任"。

他的厅堂挂着楹联："有书真富贵，无事小神仙。"表明自己超然政治，以读书为乐，只求平安无事。这既有真情的流露，也为做给别人看。他还在团扇上写着："蜗牛角上争何事，石火光中寄此身。随富随贫且随喜，不开口笑是痴人。"以此来表示自己与世无争，超然物外。

20 世纪的伟大女性——宋庆龄

显赫的醇亲王府连续出了两个皇帝、一个摄政王，解放后，这里更是"20 世纪的伟大女性"宋庆龄女士在京的住所。宋庆龄不仅是 20 世纪的伟大女性，还是伟大的革命先行者孙中山先生的夫人和战友。那么，宋庆龄是怎样住进了清朝显赫一时的醇亲王府呢？她在京的生活又是怎样的呢？让我们再次走进解放后的醇亲王府，看看这位 20 世纪的伟大女性在王府里是怎样生活的。

三入京城

宋庆龄女士一共来过北京城三次，在 1949 年以前曾来过两次北平，但住的时候都不长，却是令她终身难忘。特别是 1929 年那次，宋庆龄来北京参加孙中山先生灵柩奉安大典，而当她再次瞻仰先生遗容的时候依旧内心酸楚。宋庆龄护送灵柩安葬至南京中山陵，从那之后，宋庆龄便再也没有来到过北京。宋庆龄曾对廖梦醒（宋庆龄的秘书）说，北平是我最伤心的地方，我怕到那里去。

1949 年受邀来北京共商建设大计，宋庆龄以国事为重，欣然北上，并在北京安了家。这是宋庆龄女士第三次来到北京城。

定居北京

说到宋庆龄在北京的住处，并非初到北京就选定了醇亲王府，那么她最终是怎样选到了醇亲王府来居住呢？下面让我们来慢慢了解。

宋庆龄女士在北京城的第一个正式住宅是一个日本商人曾经的住所，一座精致的小楼，宋庆龄住在楼上，一楼为客厅和餐厅。在这座精致的小楼里，宋庆龄一住就是十年，还曾在这里接待过很多的国际友人和国家领导人。

到了 1959 年，为了迎接建国十周年庆典，北京兴建起了著名的十大建筑。而新火车站的站址距离宋庆龄的住处很近，于是宋庆龄便离开了住了 10 年的小楼，迁入了她在北京的第二个住所——清恭亲王府一处附属建筑的一部分。

可由于这里的房间太过潮湿，对于患有严重风湿性关节炎的宋庆龄相当不健康，而且，住处大门对面的不远处就是什刹海冰场，每天大声播放着音乐，也使得宋庆龄没办法好好休息。这种情况被细心的周总理无意间发现了，于是准备再次为宋庆龄选址建宅。宋庆龄却当即回绝了，并写信说到，现在国家正在建设时期，在在需款，如另外建造房子，又需费一笔款。为了我个人的住所增加国家的开支，这样，将使我感到很不安，故我不打算再迁新址了。

考虑到宋庆龄的身体健康，周总理亲自为其在后海北岸找到一座府邸，即我们所说的醇亲王府。

节俭的王府生活

宋庆龄女士在这座醇亲王府里的生活是怎样的呢？

1963 年 4 月，宋庆龄迁入醇亲王府，这里不仅环境幽静，而且山水相宜。院内古树成荫、鲜花繁茂，楼阁亭廊点缀其间。一座为宋庆龄新建的二层小楼更是与原来王府里原有的建筑巧妙地链接在了一起。书房和卧室在楼上，楼下为客厅和餐厅，楼前有一片草坪，草坪上有一群嬉戏的鸽子，而这群鸽子及东门内甬道上的那架龙眼葡萄是被宋庆龄从第一个住宅带到前海又带到后海的。

宋庆龄对住宅十分的满意，更是在信中和朋友说，现在的自己住在一座宫殿里。

宋庆龄对于住宅的安排一再地表示过不安，而她在这座宅子里的生活更是十分节俭的，卧室兼工作间的房间里摆放的基本都是陈旧的家具，办公桌后面的椅子，椅套已经多处被磨破了，立在桌子旁的地灯，罩在上面的灯罩是她让工作人员用旧窗帘做的。有两个皮摇椅是宋庆龄从上海带到北京的，这两个皮摇椅就被宋庆龄用了三十多年，宋庆龄晚年的时候两个皮摇椅的皮面已经有些破碎了。梳妆台也因为使用时间过长，两侧的镜子水银已经严重脱离，很影响美观，身边的工作人员经常建议宋庆龄修理或者换一个梳妆台，可宋庆龄却总是指着镜子说，你们看，不影响用嘛。于是这台梳妆台便一直跟到宋庆龄女士去世。

宋庆龄对身边的工作人员十分关心，且很懂得尊重。一次宋庆龄在院子里散步，看到花工正在侍弄月季花，宋庆龄见了很喜欢，于是便过去问，我可以摘这朵花吗？工人回答，当然可以，这些都是您的花。而宋庆龄却答说，不，这些都是你的劳动成果，必须征得你的同意。

宋庆龄在这座王府里一共住了 18 年的时间，直到 1981 年 5 月 29 日逝世。

这座本属于大清王爷的醇亲王府，就在宋庆龄入住后又有了别一番的味道，宋庆龄在这里居住了 18 年，这 18 年间，王府里留下了会见国内外友人时候的欢声笑语，留下了为国家建设的伏案操劳，留下了对身边工作人员的关心尊重，留下的是 20 世纪的伟大女性宋庆龄女士的不朽精神！

礼亲王府——北京城诸王府之首

基本概况

1. 地理位置

礼亲王府位于西城区西皇城根南街西侧，即大酱坊胡同东口路北。南起大酱房胡同，北至颁赏胡同，占地约 30 公顷。

2. 王位世袭

礼王世袭，从崇德元年（1636）到清帝逊位后三年（1914），共278 年 13 代，因此也被人称"清代第一王"。

3. 建筑特点

王府规模雄伟、占地宽广、重门叠户，院落深邃是礼亲王府的一大特点。

三顶"铁帽子"的荣耀

礼亲王家族在大清可谓极其显赫，清初八大铁帽子王中就有三位来自礼亲王家族，分别是礼亲王代善、克勤郡王岳托（代善长子）、顺承郡王勒克德浑（代善之孙），祖孙三代均是世袭罔替，另外还有 2 人被封为郡王、1 人封为贝子、1 人封为辅国公！这一切对其他宗室来说是可望而不可求的。

代善——忠冠当时，功昭后世

努尔哈赤曾一度以代善为自己的接班人，后因代善之子密议投明之事受连累，失去了继承汗位的资格。代善虽然失势，但仍有很强的实力。代善一生经历了两次皇权的交接，他都起到了很大的作用。

第一次是父亲努尔哈赤在征讨宁远城不克的情况下，回转盛京途中死在了盛京（沈阳）市郊的瑷鸡堡。临死前没有交代继承人的问题，所以在他死后的一段时间里，因为汗位的问题就困扰了很多人。当时有能力竞争汗位的只有四大贝勒。而这四人中，最有实力的就是代善和皇太极了。

考虑到自身的实际，再加上自己的儿子岳托、萨哈廉也是皇太极的支持者。于是在诸贝勒大臣聚于朝时，代善首先发言，对皇太极说："汝智勇胜于我，汝须代立。"他又对诸贝勒大臣说出了拥戴皇太极的原因：一是"深契先帝圣心"；二是"才德冠世"。由于身为长兄的代善的鼎力支持，所以众贝勒皆喜，曰：善。议遂定。

皇太极死后，顺治登基前，当时的环境更加险恶。也是两大势力，一方是皇长子豪格，一方是睿亲王多尔衮。这次，代善更是装傻充愣，谁即位他都欢迎，反正没他自己事。最后还是推选了顺治帝。代善的两个儿子却倒向了多尔衮，这次的结果就更惨了，损失了一子硕托。此举一是给睿亲王多尔衮一个下马威，告诉他不许胡来，另一方面也是给代善很大的刺激。

代善病逝后，康熙皇帝用八个字概括了他的一生："忠冠当时，功昭后世。"给他上谥号为"烈"。他死后被葬在了北京香山脚下的正红旗村。

岳托——忠诚耿直，功劳卓著

克勤郡王岳托是代善的长子，22岁便立有军功，32岁主管兵部。一生也是戎马生涯。和父亲一样对清朝忠心耿耿。

岳托在37岁时，在努尔哈赤孙子辈中第一个被晋封和硕成亲王。

他性格直率，数月后，他就因为徇庇"谋逆"的大贝勒莽古尔泰等罪论死。皇太极虽宽宥岳托不死，却把他的爵位连降二级，由亲王降为贝勒。

岳托被降爵后，心里一直赌气。第二年，皇太极率八旗王公到演武场与蒙古使臣同场竞技。皇太极命诸王大臣比赛射箭，岳托却说"臣不能执弓"。皇太极不答应，再三谕令他参赛。岳托勉强起射，接连五次把弓掉在地上。大概是引起旁观的蒙古客人哄笑，岳托愤怒地把弓掷向他们。皇太极以"素志骄傲，妄自尊大"定了他的罪，解除他管理兵部的职务，爵位由贝勒降为贝子。

后岳托病殁于济南。因为他战功显赫被追封为克勤郡王。据记载说，岳托的死讯传到盛京，皇太极悲痛万分，大哭不止，罢朝三日。

勒克德浑——勇猛果敢，战功赫赫

顺承郡王勒克德浑，礼亲王代善的孙子，父亲是萨哈廉——代善的第三子、岳托之弟。正可谓虎父无犬子，勒克德浑在入关之初被封为平南大将军，接替豫亲王多铎负责平定南明的势力。由于勒克德浑迅速解除了清军在湖广战场上的危机，清廷对他的功绩十分赞赏。勒克德浑因前功，进封为顺承郡王。

勒克德浑的顺承郡王爵为什么被确定为八大"铁帽子王"之一？这应从他的父亲萨哈廉说起。

萨哈廉虽过早殒落，却已是清初政坛上一颗耀眼的明星。除了骑马射箭之外，萨哈廉自幼喜爱读书，通晓满、蒙、汉文字，思路敏捷，很快在政坛上崭露头角。忠心耿耿地辅佐皇太极开创帝业。

皇太极命诸贝勒直言时政。当萨哈廉提出"图治之道，在乎用人"的建议时，年仅28岁。他建议把选用人才提到治国的高度，在当时有特殊的意义。满族人口太少，人才有限，汉族中虽有大量优秀人才，却长期受到压制，得不到任用，甚至沦为满人的奴仆。萨哈廉强调重视人才，实际是要注意选拔汉族中的人才，这对国家的发展来说至关重要。

萨哈廉在其政治生涯中，曾多次上书，为后金政权的建设和完善提出自己的政治见解，他眼光独到，见识敏锐。明军兵抵滦州城，连攻三昼夜，城池危在旦夕。该城守将阿敏以守城兵无本旗的人，仍旧安坐永平不发兵往救。结果四城尽失，伤亡惨重。皇太极盛怒。事隔不久，萨哈廉就在一次会议上直言不讳地抨击八旗各行其政的弊端。他建议向明朝学习，统一军事指挥权，日后有大征伐，应选择一贤能者为主帅。萨哈廉的建议，很快被采纳。这无疑是后金一次重要的军事变革。

皇太极称帝之时，萨哈廉已经病重卧床。皇太极知道后，沉痛地说：一个国家哪有专靠坚甲利兵进行治理的？一旦疆土越来越大，直至统一中国，而萨哈廉这位懂得治理国家的才能之士已死，谁又能帮助我治理国家？萨哈廉病故后，皇太极深为悲痛，为萨哈廉举行了隆重的悼念仪式，并追封萨哈廉为颖亲王。

萨哈廉生前深得其叔父清太宗皇太极的赏识，皇太极曾说：清朝贵族子弟中，"启我所不及，助我所不能，唯有萨哈廉一人而已"。传说萨哈廉死后，皇太极昼寝凤凰楼，忽做一梦，梦见有人对他说萨哈廉请赐一牛。因此，祭奠萨哈廉时，多以牛为祭物。

萨哈廉生前只是郡王，死后被追封为和硕颖亲王。他的次子勒克德浑被封为世袭罔替的郡王，算是对萨哈廉忠心耿耿的酬报。

智勇双全的康亲王

礼亲王代善的孙子康亲王爱新觉罗·杰书，虽然历史对他的记录并不多，但是这样一位有智勇双全的亲王也是为这座礼亲王府增添了光彩。

康熙皇帝玄烨继位后，国内大局已渐趋平稳，杰书作为地位显赫的皇帝贵胄，除随驾或受命短时间外出，基本都是在京城的王府中享受着养尊处优的贵族生活。然而，随着历史的演变，他的身影也出现在了血雨腥风的战场。

剿灭耿精忠叛军

康熙十二年（1673），爆发了历时18年之久的"三藩之乱"，把在悠闲中生活的杰书送上了腥风血雨的战场。康熙十三年（1674），康亲王杰书奉命为大将军，率领第三路大军前往浙江，进剿耿精忠叛军。

在战斗中，康亲王的大智大勇便显露了出来。清军在他的指挥下屡战屡胜，收复了很多州县。康熙十五年（1676），清军在移师途中，遭到伏击，与叛军展开了白刃战。杰书此时正在军中，他的大旗被敌人的火器打烂了，炮弹不断在他身边爆炸，亲兵从附近破庙中拆来了门板，为杰书遮挡。但杰书毫不畏惧，指挥作战谈笑自若，使士兵深受鼓舞，大败叛军。不久，耿精忠无力抵挡清兵的攻势，被迫投降。

打败郑经

台湾的郑经盘踞在金门、厦门一带，康亲王马不停蹄，协百战之师横扫金、厦，期间，他推荐姚启圣为福建总督。康熙十九年（1680），郑军溃败，厦门、金门、铜山先后被清兵收复，郑经率残部逃回台湾。杰书凯旋之时，康熙帝亲自到卢沟桥迎接，荣誉达到极点。

康亲王杰书病逝后，谥号"良"。康亲王靠自己的智慧与勇气，平定了耿精忠的叛乱，使大清得以继续稳定地发展下去。康亲王的丰功伟绩无愧于清代亲王的美誉。

亲文学远政治的亲王

嘉庆十年（1805），29 岁的昭梿袭封成为第八代礼亲王。两年后王府失火，珍宝及印绶全部被焚。嘉庆帝赐银一万两，助他重建府邸，同时赐给许多衣帛。

昭梿是努尔哈赤次子礼亲王代善的第六世孙，父名永恩，原封康亲王。他与魏源、龚自珍、纪昀、袁枚等名士均有往来。

父亲礼亲王永恩在乾隆朝时，因受某事牵连，从此不大过问政治，以文学艺术自娱。受时代的影响和家庭环境的熏陶，昭梿也爱好诗文，但他撰写的诗、文大多散佚，纂辑的《礼府志》也未印成书。昭梿勤于笔耕，他留给世人的是一部很有名的笔记——《啸亭杂录》，书中记载了大量清朝典故、满族习俗和贵族官员的逸闻轶事。

在生活上，除喜好文学，昭梿还特别喜好戏剧。他不仅是戏迷，而且因为过分亲近戏子（优伶），受到言官纠举。他说，这些人迎欢卖笑，虽然是常态，但其中也有深知大义者。

昭梿贵为八大"铁帽子王"之一，从小受过系统的教育，文思敏捷，才华横溢，但性格暴戾，妄自尊大，还因此丢掉了王爵。

礼王府有个田庄管家姓程，历年并未欠租。但昭梿并不满意，想增加他的租钱。清政府规定国家对农民"永不加赋"。所以庄头据理不从。昭梿恼羞成怒，派护卫到程家抄没家产、拆毁房屋、抢割庄稼，又下令将程家六人圈禁并施刑。此事被一封匿名揭帖告到了皇帝面前。

嘉庆二十年（1815），因虐下获罪，革除王爵，交宗人府禁闭 3 年，其名下的地产也被悉数没收。

昭梿断了仕途念想后，一门心思扑到历史著述方面。他迁居西直门大街路北一座不太惹眼的宅院，自号"汲修主人""檀樽主人"，终日著书写作。

礼亲王府闹鬼之事源起何处

在礼亲王中，还有一些类似"凶宅"这样的传闻在民间流行着，而这究竟又是怎么一回事儿呢？

在民间的百姓眼中，这座象征着皇权的王府，高墙大院、守卫森严，在不知不觉间就给王府外的人一种神秘的恐惧感。于是，王府便成了各种鬼故事传闻的载体，成了各种各样恐怖事情发生的场地，各种"凶宅"的版本也就随之而来，一传十、十传百，三人成虎，久而久之，"凶宅"便成了民间的"事实"。

"凶宅"传言：三米旋风平地起

相比其他王府的"凶宅"传说，其实礼亲王府的传说是有些单一的，而且涉及的人物是一位姓石的大妈。传说，这位姓石的大妈祖上是满族人，曾是礼亲王家的包衣家奴，石家在礼亲王府当仆奴的时候，经常是能看见王府周围有三米多高的旋风环绕，但奇怪的是，十步之外根本就没有风……

这个"凶宅"的传言实在是已经无从考证，礼亲王府在三百多年前就已经存在了，石大妈应该是礼亲王府奴仆的第五代传人了，在礼亲王府众多的奴仆当中找到一个姓石的，而且还要查到第五代，这实在是大海捞针。并且，住在礼王府周围的居民们也从来没听说过什么"石大妈"，更没见到过礼亲王府刮起什么旋风。

旧楼探秘

在礼亲王府的对面有一座废弃的三层楼房，建筑风格是 20 世纪 80 年代的风格。因为它的破旧和古老，所以又给了世人很多想象的空间，里面终究是什么？只身一人走进会发生怎样的恐怖事情？

其实，这只不过是一幢废弃的三层小楼而已，一层被一家化妆品公司当作了自己的仓库使用，里面用来堆放各种各样的杂货和化妆品；第二层被某个拆迁办所占用；而至于这个废弃房间很多，且总是可以听见"滴答滴答"怪音的第三层，其实是那家化妆品公司的员工宿舍。房间既然住进了人，保证"不漏风"是最基本的原则。然而这座废弃的小楼实在太过破旧，很多房间都已经没有了门，漏风严重，住在那里的员工们就将毯子或者床单挂起来当作门，而破碎的窗户就用各种各样的海报和硬纸糊起来。房间里面只是很简单的床铺和桌椅等，至于那些"滴答滴答"的声音，不过是水滴滴落的声音。员工将穿脏的衣服洗好挂晾在走廊中间，衣服上的水滴答滴答地掉落在地板上，从而形成了"滴答滴答"的怪音。外人不解是什么情况，于是便又开始编造了一个又一个的"凶宅"传说。

僧王府——草原文化在北京的痕迹

基本概况

1. 地理位置

位于东城区南锣鼓巷炒豆胡同内，是清代保存比较完整的蒙古王府。

2. 王府主人

僧王府是清代僧格林沁的王府，他是漠南蒙古科尔沁旗人。僧格林沁在镇压捻军的战斗中阵亡后，其子伯彦诺谟诂承袭亲王爵，民国后，府第被亲王后代逐渐拍卖。

放羊娃成为了铁帽子王

根据《蒙古世系》的记载，僧王府的主人僧格林沁是成吉思汗二弟哈布图哈萨尔的第二十六代孙，僧格林沁因家境贫寒，读书不多，很小就跟随给人放羊。

后来，僧格林沁的族伯、科尔沁左后旗第九任扎萨克多罗郡王索特纳木多布斋因膝下无子，便选了仪表非凡的僧格林沁为嗣子，由于僧格林沁的养父娶了道光皇帝的姐姐，他便理所当然地成了皇亲国戚。

道光五年（1825），科尔沁左翼后旗第九代札萨克索特纳木多布斋病故，继而科尔沁左翼后旗选索王嗣子承袭王位的大事也开始了。科尔沁入围选嗣的 16 人抵京，其中就包括僧格林沁。

在人选问题上，据说还发生了这样一则故事。

皇太后做了个噩梦，"梦中漫步宫门外，突然东南方起风云，眼看黑云笼罩京城，东北方闪出一道亮光驱散了黑云。我高兴地跟着亮光走时，一只玉石绵羊掉在我面前，捧起来细看时惊醒了。"

道光皇帝叫来钦天监大臣，解释皇太后的梦。钦天监的大臣是这样解梦的，说这是个吉梦。东南方起风云是说东南方有人造反闹事，东北方出亮光是说东北方必有贵人保天下。皇太后捡白玉石绵羊，是指这位贵人是属羊的。于是，大臣便议论纷纷，说科尔沁正是北京的东北方，参选人中必有属羊的贵人。

到了选嗣的日子，道光皇帝亲坐殿堂，一个一个地目视问话，当问到第16位的僧格林沁时，皇上看他虽然年纪小，但仪表非常，问其庚年、读书情况时，僧格林沁用汉语回答，"15岁，属羊的，念过两年多的书"。道光皇帝高兴地指点着说"就是他"。

就样，僧格林沁被选定为索特纳木多布斋嗣子，承袭了科尔沁左翼后旗札萨克多罗郡王。

后来，僧格林沁奉命在京郊密云县剿匪，此战，僧格林沁谋局布阵，亲冒箭矢，一举剿灭悍匪，显露出他卓越的军事才华。

后来，咸丰帝即位，僧格林沁成为顾命十大臣之一。咸丰四年（1854），僧格林沁因功被晋封为亲王，并诏世袭罔替，就是铁帽子王。

清朝"战神"僧格林沁

僧格林沁是清道光、咸丰、同治年间的三朝元老，他在镇压太平军、捻军起义、抗击英法联军中为清廷出生入死。

大败英法舰队——天津大沽口

1859年，英法舰队第二次入侵天津大沽口，其武器和训练相对于落后的清朝守军与之迎战。但此役的胜利者，不是熟悉海战的英国远东分舰队司令霍布，而是来自蒙古草原的科尔沁亲王僧格林沁。

此次作战，僧格林沁指挥有方，使联军 13 艘参战舰艇有 6 艘丧失战斗力，4 艘被击毁，参战官兵 1200 余人死伤过半，而清军仅 32 人伤亡，炮台轻度受损。这是第二次鸦片战争中清军取得的最大一次胜利。

通州八里桥之战

僧格林沁一辈子打了不少胜仗。如平定太平天国，阻击英法舰队等等。但是，1860 年，在北京城东八里桥，僧格林沁却遭遇了"滑铁卢"。

八里桥，位于通州的通惠河上，清咸丰十年（1860），清军在此英勇抗击英法联军，进行了八里桥之战，是第二次鸦片战争期间发生的一场激烈的战斗。

时年，英法联军近 4000 人，自天津向通州方向进犯。时部署于通州地区的清军有 3 万余人。科尔沁亲王僧格林沁率 1.7 万人驻扎在张家湾至八里桥一线。在此次战斗当中，虽然清军士兵表现英勇，但终因战法、装备严重落后而惨败。

剿灭捻军，战死沙场

僧格林沁的最后几年，主要精力几乎都放在围剿北方的捻军上。

咸丰十年（1860）至同治三年（1864），直隶、山东一带的捻军起义风起云涌。僧格林沁率清军赴山东与捻军作战。清廷授权他节制直、鲁、豫、鄂、皖五省兵马。僧格林沁所率的蒙古骑兵剽悍勇猛，横扫数省，重创捻军。

同治四年（1865），捻军进攻山东，僧格林沁的人马经过数月的追击，疲惫不堪。当时有人向曾国藩汇报军情，曾国藩惊曰："轻骑追击为用兵大忌，僧王险矣。"果然，曾国藩的这一说法不久就得到了印证。

当僧军至高楼寨（今菏泽市高庄集）时，陷入捻军重围。当晚，僧格林沁率少数随从冒死突围，被捻军杀死，终年55岁。一代蒙古将星陨落。

三朝宠眷美名扬

僧格林沁于道光五年（1825）承袭科尔沁左翼后旗多罗郡王，至1865年阵亡，长达40年，历经清朝道光、咸丰、同治三朝。他忠君报国，深得三朝皇帝的恩宠。

道光皇帝驾崩时，他为顾命大臣之一。

咸丰三年（1853），咸丰帝听说僧格林沁在战场上勇冒矢石奋勇杀敌的事迹后，特赐其"湍多罗巴图鲁"的称号，意为像急流一样不可阻挡的英雄。咸丰五年正月（1855），恩封"博多勒噶台亲王"，四月，诏世袭罔替。

僧格林沁是清王朝的三朝钦差大臣，被誉为"忠君铁骑"。僧格林沁兵败战殁的消息传到北京，朝廷上下大震，两宫太后及同治皇帝大为震惊。

清政府以亲王规格为僧格林沁举行了葬礼，同治帝亲临祭奠，赐谥号"忠"，配享太庙。并把画像挂在紫光阁内。1889年，慈禧太后又下令在北京地安门为僧格林沁修建一座显忠祠。

僧格林沁身在清廷40年，膺亲王之爵，食双倍俸禄，多次挽狂澜于危机之时，生前身后，备极荣耀。就连他的儿子和孙子，也分别迎娶的是清室贵胄女子为妻室。慈禧太后曾说："僧格林沁在，我大清国在；僧格林沁亡，我大清国亡。"

朱家溍故居

僧王府除了因为僧格林沁而被世人所熟知，还因为里面居住过另外一个名人而闻名——朱家溍，所以，这里有被称为"朱家溍故居"。

僧格林沁的曾孙阿穆尔灵圭死后，因为欠族中的赡养费而被控告，于是，北平地方法院受理公开拍卖僧王府。朱家以10500元的高价将该王府买下，并且在院子里选了"八景"：太平双瑞（上房阶前两棵太平花）、玉芝呈祥（花下多白菌，即俗称狗尿苔）、壶中天地（葫芦棚）、香雪春风（两棵老丁香）、紫云绕径（甬路两侧植紫色牵牛花）、映日金轮（葵花）、槐窗月色、红杏朝晖。

郑亲王府——北京所有王府花园之冠

基本概况

1. 地理位置

郑亲王府位于西城区西单大木仓胡同。原是明初姚广孝的赐第。清师入关后，清世祖以此第赐与开国元勋郑亲王济尔哈朗。

2. 王府规模

当年的郑亲王府全部面积为 80 余亩，房屋 900 余间，为清代四大王府之一。

3. 建立时间

该府建于清顺治年间，因战功卓著，力求巍峨而超了王府规制。

4. 主人变迁

第一位主人是爱新觉罗·济尔哈朗，是清太祖努尔哈赤三弟舒尔哈齐之子，是清代著名的满族军事家、政治家，清王朝创建者之一。从清初到清末，共有 17 位亲王居住在郑亲王府邸。期间，曾一度改换主人，清廷将王府赐给了钟郡王奕詥，后又失而复得。同治三年（1864），恢复郑亲王世爵，同治七年（1868），袭王承志搬回发还的郑王府。

辛亥革命后，郑王后裔坐吃山空，债台高筑。1925 年以 15.5 万元将郑王府卖给了中国大学为校址，现为国家教育部所在地。

唯一一位受"叔王"封号的人

郑亲王府的第一位主人济尔哈朗，他从青年时代起就追随努尔哈赤南征北讨，因军功受封为和硕贝勒。是努尔哈赤时期共执国政的八大和硕贝勒之一，也是皇太极时代四大亲王之一。他是第一代和硕郑亲王，成为清朝历史上唯一一位受"叔王"封号的人。

6岁的福临登极后，由多尔衮和济尔哈朗共同辅政。担任辅政王后，他在盛京尽心辅佐幼帝，多尔衮则率领大军与明军交战。顺治元年（1644），济尔哈朗护驾进入北京。福临加封了多尔衮为叔父摄政王，后接着封济尔哈朗为信义辅政叔王。

待多尔衮撒手尘寰后，济尔哈朗成为朝中资历最老、地位最高的亲王。于是，他审时度势，联合诸王参劾多尔衮一党，清算了多尔衮一派。此后，他选择了功成身退，将大权归于顺治帝。福临对这位伯父非常尊敬，凡他的上疏、建议，福临都认真对待，积极采纳。

济尔哈朗晚年，身体日渐不支。顺治十二年（1655）五月初，病情加剧。福临在他临终前亲往探视，流着泪问："叔王还有遗言吗？"济尔哈朗老泪纵横地回答："臣受三朝厚恩，未能仰报，不胜悲痛。只希望早日取云贵，灭桂王，统一四海。"济尔哈朗到临终，惦念的还是国家的统一大业。福临听了伯父这番话，更加悲痛，仰面大呼："苍天啊！为什么不让朕的伯父长寿呢？"说罢又大哭。群臣急劝福临回宫。福临出房门，又坐在王府院内大哭，许久不忍离去。初八日，济尔哈朗病逝，葬在北京西直门外的白石桥。

福临对济尔哈朗的死，悲痛不已，诏令休朝七天，赠祭葬银万两，置守陵园十户，并为他立碑纪功。

铁帽子郑亲王世爵共传10世，17王（9位简亲王，加上8位郑亲王），该封号一直持续到清朝结束，这在清代诸亲王中是罕见的。

围绕王府建造所发生的故事

清代王公大臣的宅第营建，均有定制，如基址过高或多盖房屋皆属违规。郑亲王济尔哈朗就因建府殿基逾制，又擅用铜狮、龟、鹤等物件，于顺治四年（1647）遭弹劾后被罢官罚款。

郑亲王府邸建成后，历代袭王都对其进行了修缮或扩建，最重要的是第八代袭王德沛对花园的扩建。园名"惠园"，是京师王府花园中的最佳者。关于"惠园"的建造，还有一则故事。

据《啸亭杂录》卷六记载："邸库中存贮银数万两。王见，诧谓其长史曰：'此祸根也，不可不急消耗之，无贻祸后人也。'因散给其邸中人若干两，余者建造别墅，亭榭轩然。故近日诸王邸中以郑王园亭为最优。"

惠园中"引池叠石，饶有幽致"园后为雏凤楼，楼前有水池。其后为几丈高的瀑布，瀑布极为壮观，几百米外就可听到瀑布的声音。

郑王府花园当年的繁华我们今天已经见不到了，如今我们只能从前人的描述中想象当年的美景。

王府为何一度易主

从清初到清末，共有17位亲王居住在郑亲王府邸，在此期间，王府曾经被清廷收回过一次，将其改赐给了另一位郡王。这是怎么回事呢？要说清这段历史，就不得不提及"辛酉政变"。

咸丰死后，朝廷主要分为三股政治势力：一是顾命八大臣势力，即咸丰临终时指定的辅助皇太子载淳治政的以肃顺为首的八大臣，其中就包括第十三代郑亲王端华；二是皇族势力，就是以恭亲王奕䜣为首的皇室亲王集团；三是帝后势力，也就是两宫皇太后。自此，三股势力便开始了较量。

作为其中一股势力的人物之——载淳的母亲慈禧，这是个权力欲望极强的女人，她刚刚坐上圣母皇太后的宝座，就迫不及待地揽权。慈禧先让人建议，因为皇帝年幼，无法处理朝政，所以要由两宫皇太后"垂帘听政"，实际上是要掌握实权。她明目张胆的要权行为自然而然遭到了辅政八大臣的坚决抵制，双方矛盾异常尖锐，甚至在朝堂上公开争吵。

皇室亲王是其中的另外一股势力，该势力以奕䜣为代表。奕䜣是咸丰的亲弟弟，为人机智、练达，很有才干，但咸丰在政治上却比较疏远奕䜣，而是重用肃顺等人。奕䜣虽贵为亲王，但却没有什么实权，处处受到肃顺等人的排挤，所以，奕䜣对肃顺等人也很不满。

为了掌握更多的权力，慈禧暗中联系在京的小叔子恭亲王奕䜣，以奔丧之名，赴热河与两宫密谋政变之策。奕䜣在接到两宫太后的求援信号后，奕䜣决定要帮助两宫太后除掉辅政八大臣，旋即返京布置。

很快，他们就铲除了肃顺等八大臣，最终，慈禧夺取了清廷的最高统治权。

这一年适逢旧历辛酉年，所以史称"辛酉政变"。西太后慈禧与恭亲王发动辛酉政变后，第十二代郑亲王端华被赐白尽，郑王府被收回，将其宅邸改赐给钟郡王奕詥为府。

第十三代郑亲王沦为"辛酉政变"的"冤魂"

除了始王济尔哈朗和第八代的德沛外，郑亲王府里的众多主人中，最为著名的就是第十三代郑亲王端华。道光二十六年（1846）济尔哈朗七世孙端华袭郑亲王。咸丰十一年（1861），端华和其弟肃顺及怡亲王载垣等八人被任命为"赞襄政务王大臣"，"尽心辅弼，赞襄一切政务"（大概意思为尽心尽力地去辅佐一切政务），从而总摄朝政。端华本是个庸碌无能的人，唯其弟肃顺之命是从。不久，慈禧太后和恭亲王等人密谋发动了"辛酉政变"，在这场慈禧太后与八大臣的权力斗争中，八大臣自然输得一败涂地，八大臣被革职拿问，端华、载垣被赐自尽，革亲王爵位。相传，端华在自尽的时候死况甚惨，因为端华的身体过于肥胖，白帛承受不住其重量而断裂，端华摔落在地上，第二次再吊起的时候才气绝身亡。同时，郑亲王府家产被查抄，府园被内务收回。同治元年（1862），济尔哈朗八世孙岳龄袭王爵。

肃亲王府——毁于战乱的王府

基本概况

1. 地理位置

肃亲王府位于东城区正义路东侧。

2. 王府变迁

在第二次鸦片战争以后，法国曾经要求将肃亲王府作为自己的使馆。但因为肃亲王府是铁帽子王府，当时负责谈判的恭亲王不敢轻易答应，后来几经交涉，法国人才勉强同意将使馆建造在纯公府，肃王府暂时逃过一劫。

1900 年的庚子事件，一批曾支持过义和团的亲王的王府被八国联军抢掠烧毁，其中就包括末代肃亲王善耆的府邸。

光绪二十七年（1901），王府沦为日本使馆，只存墙垣。

其地现为北京市政府。

与皇位失之交臂的肃亲王豪格

皇太极驾崩后，因未指定继承人，一场激烈的皇位争夺战在皇宫崇政殿打响。肃亲王豪格就是在这场斗争中与皇位失之交臂。

当时，清廷的朝堂上由此形成泾渭分明的两大阵营：一个是以肃亲王豪格为首的皇子派，豪格是清太宗皇太极长子，相貌不凡，英武豪俊，久经沙场，屡建军功，被封为肃亲王。他有两黄旗、正蓝旗为后盾以及众多大臣们的支持；另一派则是以睿亲王多尔衮为代表，两白旗及其他旗的部分力量是他的主要势力，多尔衮的胞弟多铎、阿济格则是这一派的主要拥趸者。

在此期间，多尔衮沉不住气了，他亲自来到三官庙试探正黄旗大臣索尼的口风。索尼面对多尔衮的逼问，始终只有一句话："先帝有皇子在，必立其一，他非所知也。"索尼的意见很明确，承继帝位的，必须是皇太极的儿子，别人没有资格。

在朝堂上，廷议一开始，当时资望最高的礼亲王代善也表示豪格是"帝之长子，当承大统"。另外，德高望重的、掌握镶蓝旗的郑亲王济尔哈朗，也倾向于拥立豪格登极。在有大臣提出豪格具备继位资格并要求其继位的时候，他做出了常人所做出的那种"谦虚"姿态，向众人推辞说："福小德薄，非所堪当。"尽管得到了最有力的支持。但豪格在关键时刻未能果断行事，结果被多尔衮顺水推舟从而未能入承大统。

经过十多天的较量，最高会议做出最后的决议：拥立皇太极第九子，6岁的爱新觉罗·福临继位，郑亲王济尔哈朗和睿亲王多尔衮摄政。就这样，一场剑拔弩张的危机终于冰消雪逝。

数年以后，豫亲王多铎曾经当面告诉豪格："和硕郑亲王（济尔哈朗）初议立尔为君，因王性柔，力不胜众，议遂寝。"这句话说得很到位，"性柔"确实是豪格痛失皇位的内因。

肃亲王府的银子多

豪格是清太宗皇太极的长子，以功晋封肃亲王，是清初开国八大铁帽子王之一。

过去，北京人谈起旧时北京的王府，常说："礼王府的墙，豫王府的房，肃王府的银子用斗量。"清初第一代肃亲王豪格统兵追杀张献忠，立下大功，为此，他得到的财富也多于一般的王公。但众人都知肃亲王府银子多，王府内的银子如何收藏却鲜为人知。

肃王府的藏银方法很奇特，是用整张刚剥下的鲜牛皮将银子包好，再用牛筋缝严，待牛皮风干后坚固无比，若想取出银子，必须用刀割破牛皮。这不但使窃贼无法偷窃，即使府内人等也休想打它的主意。这种方法非常有效，历代肃亲王都使用它。

还有一则是关于肃亲王府晒银子的传说。

话说每年肃王府都要晒银子，怕银子发霉。而肃亲王则悠闲地坐在屋子里喝茶，有时他会派管家查晾晒的银子有没有少。管家出去清点后回来回报，如果说银子没少，肃亲王就会说接着晒。后来，管家领悟到其中的奥妙，便和几个管事的一起拿走了一些银子，然后禀报肃亲王说银子少了。这时，肃王才下令将银子收起来。

清末诸王中的佼佼者

肃亲王是清朝八大"铁帽子王"之一，在第一代肃亲王豪格之后，一共承袭了9次，其中第一、二、三次袭称显亲王，乾隆年间恢复原称。在后来9位肃亲王中，必须提到的是末代肃亲王善耆。

同治五年（1866）善耆在北京出生，为第十代肃亲王。善耆是清末诸王中的佼佼者，他的干练、开明以及为人豪爽、诙谐的个性，给时人留下了深刻的印象。但生于末世，他殚精竭虑的一切努力都无力挽狂澜于既倒。

思维敏捷、诙谐幽默的肃亲王

一日，府中有客人来访，会谈中在谈到某人以名字工对词句的趣闻时，善耆笑着说："照这么说来，我的名字善耆，不是可以对"恶少"了吗?"他的书法娟秀,工小词,客人曾以"人淡如菊"请对下句,他应声道"后来其苏"。在座者都叹服他的思维敏捷。

政绩不俗的肃亲王

清朝末年,内忧外患。在此环境下,善者能够有所作为,实在难能可贵。在他的政治生涯中,其政绩主要有如下四项:创办了近代警政制度、推进了北京城的市政建设、清除了崇文门税收的积弊、在内蒙古地区推进新政。在他执政过程中,做了许多令人称道的事情,下文列举了其中的三例。

有一件事在当时被传为美谈。后来担任过中华民国内务总长的许世英曾经在善者手下主管京师治安,有一次,善者的福晋不遵守交通规则,被许世英责令罚银十元。许多人都为许世英担心,但善者不但没有责怪,反而对许世英大加赞赏。

另外善者还明令在西珠市口内开设名为"文明茶院"的戏院,戏院楼上为女座,楼下为男座,取消了妇女不能进戏院观戏的禁律,在首善之区的北京,一时成为美谈。

崇文门是清朝对进京物品,如日用百货和奢侈品征税的主要关口。因而崇文门监督历来是公认的肥缺。

庚子事变中地处东交民巷的肃王府毁于战火,清廷命善者担任崇文门监督,包含着让他从税款"提成"中得些收入,另建王府的用意。善者上任后却未徇私,将税款全部上缴。另外善者还大刀阔斧地对税务制度加以整顿,禁止勒索,革除贪污。如以往洋人带货入京不纳税,他改为一体纳税等。善者连任两届监督,税收大增,全部上缴国库。

孙宝瑄在《忘山庐日记》中,对善者有几句评语:

得材干之人易,得廉洁之人难;得廉洁之人易,得廉洁而能体下情之人难。使天下办事人尽如肃王,何患不百废俱兴焉!

一位戏迷亲王

清代王爷中戏迷很多，前有第一代豫亲王，后有末代肃亲王。肃亲王善耆，是不折不扣的老戏迷，他府中建有戏台，他还曾与当时的名伶杨小朵联袂演出《翠屏山》。

因为善耆的这一嗜好，不乏有一些人利用他的京剧嗜好来求利禄，或以求庇护。如当时有宗室崇某，公然设赌局与工巡局（警察局前身）西北分局对门相望。贝勒毓朗接任工巡局监督后，力清积弊，饬捕崇某甚急。崇某无奈，就钻营于肃王府，趁演剧时以走票见肃王，获得赏识。

某日，崇某忽跪地不起，待了解其中的缘由后。善耆大笑，对他说："将军（毓朗）捕你，我也无能为力，但不至于由我府中捕去，若你行街道中，须自小心。"

一个矛盾的亲王

善耆身上矛盾之处太多：他是大清皇族，是王爷，却与革命党人暗中往来；他是皇室最开明的王爷，曾经努力推进立宪，最后却成了顽固的宗社党的骨干分子；他还有一个争议颇多的女儿——川岛芳子，长期为日本做间谍。

肃亲王府的十四格格——川岛芳子

在第十代肃亲王爱新觉罗·善耆的众多儿女当中，其中有一位是我们不得不提及的，那就是肃亲王的第十四个女儿——爱新觉罗。显玗，汉名金壁辉。

1912 年 2 月，满清最后一个皇帝溥仪正式宣布退位，而此时到了旅顺的肃亲王便立刻展开了复辟活动，并想借助日本人之力，于是便把自己的女儿显玗送给了日本人川岛浪速做为养女，显玗从此更名为川岛芳子，被送往日本接受军国主义教育，成年后返回中国，并开始长期为日本做间谍。

川岛芳子历任伪满洲国"安国军总司令""华北人民自卫军总司令"等要职，曾先后参与皇姑屯事件、九·一八事变、满洲独立运动等秘密军事行动，并亲自导演了震惊中外的上海一·二八事变和转移婉容等祸国事件，被称为"男装女谍""东方女魔"。

本该在肃亲王府里养尊处优的格格，为何会被命运如此安排而成为日本人的间谍？川岛芳子这个"受到蒙蔽的工具"，一生是怎样被日本人所利用？下面让我们来了解下川岛芳子的一生。

国难下的牺牲品

1906 年，爱新觉罗·显玗出生在肃亲王府邸，她的父亲——第十代肃亲王为这个女儿起名为"显玗"。而就在那一年，也是清朝末代皇帝爱新觉罗·溥仪登基登基的年份，年号宣统。

1912 年，清朝政府灭亡，肃亲王善耆想借助日本人的势力匡复故国，于是便将年幼的显玗送给了日本浪人（在日本，浪人起源于镰仓幕府时代，是指那些失去封禄，离开主人家到处流浪的落魄武士）川岛浪速作为养女，算作是友情的奠基。此后，川岛速浪便与善耆拜为了兄弟，并共同策划了一场"满蒙独立运动"，运动虽然最后以失败告终，但其所持的理念成为了后来日本建立伪满洲国的雏形。

1912 年，时年六岁的显玗正式更名为川岛芳子，并随养父川岛浪速前往日本，进入松本高等女子学校学习，接受起了严格的军国主义教育。年幼的川岛芳子还从川岛浪速那里接受到了政治、军事、情报等多方面的训练。日复一日，年复一年，小川岛芳子逐渐长大成一个容貌清秀、亭亭玉立的女孩儿，而且在日本教育的熏陶下，她的思想、举止已全然日本化。

而此后的不幸遭遇对川岛芳子一生的影响是极其巨大的，她一生都无法忘记所受到的凌辱。为此，她还曾亲笔写下一首《辞世诗》："有家不得归，有泪无处垂，有法不公正，有冤诉向谁。"

受到刺激后，誓与女性身份彻底"诀别"

每一个花季少女的内心深处都有一个白马王子，正处在这个年纪的川岛芳子也如此。让川岛芳子心动的第一个男人是松本团的山家亨少尉。山家亨和川岛芳子从暗送秋波一直到一起散步谈情，前后经历了很长的时间，但是越往后山家亨越是跟不上川岛芳子的前进脚步，所以山家亨与川岛芳子的爱情并没有太大的进展。

就在山家亨与川岛芳子相恋的过程当中，岩田爱之助走进了川岛芳子的感情生活。岩田爱之助是一个思想极右的人，而且还是"兴亚主义"的拥护者，主张日本应该立即发兵中国东北，且占领中国东北，利用中国东北的资源"振兴大东亚"。岩田爱之助还认为，日本应该尽快动手拿下"满蒙"，不能丧失大好时机。在岩田爱之助与川岛芳子之间的交往中，往往都是理性多于爱慕。两个人在一起谈论的话题，没有风花雪月，没有浪漫爱情，多半都是政治大事。岩田爱之助更是常常以思想指导者的角色出现在川岛芳子的面前，这也为川岛芳子后来被日本人利用成间谍打下了一份思想上的基础。

除了山家亨与岩田爱之助的追求，更出人意料的竟是年近花甲的养父川岛速浪居然也加入到了追求川岛芳子的队伍当中。川岛速浪曾对川岛芳子的哥哥爱新觉罗·宪立说过：你的父亲肃亲王是位仁者，而我个勇者。我想，如果将仁者和勇者的血液结合在一起，所生的孩子必然是仁勇兼备的。他要宪立同意他娶川岛芳子为妾，并为其生儿育女。原来卑鄙龌龊的川岛速浪早就对亭亭玉立的川岛芳子有了淫念，并决心占有她。

1924 年，年仅 17 岁的川岛芳子被养父强暴。悲愤异常的川岛芳子在手记中控诉道："大正 13 年 10 月 6 日，我永远清算了女性！"第二天，川岛芳子便头梳日本式的发髻，身穿底摆带花和服，拍了一张照片，意为少女诀别照片。从此以后的川岛芳子便剪了男式的分头，誓与女性身份彻底"诀别"。

自杀未遂

极端的军国主义思想、被养父强暴的经历让川岛芳子的少年时期充满了灰色与压抑。这个明眸玉肤、本该无忧无虑地生活在肃亲王府中的格格突然变得性格夸张、放荡不羁，甚至在上课的时候都会偷跑出学校骑马。就这样，川岛芳子逐渐形成了有些畸形甚至疯狂的性格。再大一些更是时常女扮男装，痴迷于各类激烈的"男性运动"，如骑马、射击、击剑等运动。而川岛芳子之所以这样做是因为，她认为这样做便可以"永远解脱了女性"。

1924 年 10 月，经过一年多的相恋，岩田爱之助准备向川岛芳子求婚，而此时的川岛芳子，心情却很烦躁，并多次向岩田爱之助表示："我不想活了，我应该了此一生。"岩田爱之助见川岛芳子心情不好，起初时常陪伴在川岛芳子的左右为她排忧解难，并增加了和川岛芳子的约会次数，和她谈些日本国内外形势。可川岛芳子却依然唉声叹气，不断地重复着那句丧气的话。时间一久，在川岛芳子那里没有得到一点温存的岩田爱之助开始变得有些不耐烦，生气的岩田爱之助对川岛芳子怒示：如果想去死，那就去死。随后还将上了膛的手枪放在了川岛芳子的面前。早已心如死灰的川岛芳子见此情形，更是毫不犹豫地拿起手枪对准自己扣动了扳机。听到枪响，全家人慌忙地朝芳子的房间冲去，只见川岛芳子脸色苍白的躺在榻榻米上。全家顿时乱作一团。

川岛浪速见状急忙跑到附近的医院叫来了他的好友相藤大夫和护士。一番检查，大夫发现幸运的川岛芳子并没有生命危险，子弹只是穿过了她的左肋，并没有伤及到心脏，造成的创伤面较小。子弹卡在胸腔的后部，可以暂时不取出来，不会危及她的生命。

为了封锁川岛芳子自杀未遂的消息，川岛浪速恳求大夫在家中治疗，而另一方面，川岛芳子的兄弟们也不想让这个消息散播出去。

消息可以被封锁，真相却是掩盖不住的，就在川岛芳子扣动扳机的那一刻，川岛浪速家就已经濒临崩溃了。

事发几天后，川岛芳子向身边的亲人控诉了川岛浪速的无耻行径，并把川岛浪速玷污自己的事情公布于众。

此时，川岛芳子的生父肃亲王已经去世了，哥哥爱新觉罗·宪开和爱新觉罗·宪东也寄养在川岛家，于是这几个寄养在川岛家的善耆家的后人决定写信给国内的兄长爱新觉罗·宪立询问对策。宪立接到信后急忙表示，现在绝不能和川岛浪速公开决裂，希望妹妹一定鼓起勇气生活下去。川岛浪速会做适当反省，设法解决已经发生的事。果然如宪立所说，川岛浪速作出了适当的反省，设法解决已经发生的事情，川岛浪速为了帮助川岛芳子尽快回复身体健康，将其送到鹿儿岛暂住。此后宪开考进了东京陆军士官学校，离开了川岛家。这下家中便只剩下川岛浪速、宪东和仆人。当宪东面对这个备善的长者时，心中充满怨愤，而另一面川岛浪速也是备觉尴尬，不愿意继续抚养宪东，于是便将其送回了中国旅顺上学。就这样宪东摆脱了川岛的控制，这也为他日后加入革命队伍埋下了伏笔。

重归故国

1924 年 11 月 5 日，溥仪被赶出了紫禁城，宣布废除皇帝尊号，皇室优待条例也同时宣告被废除。与此同时，国内国外的形式也发生了变化：各地的"旗地"开始变为"民地"，17世纪清朝入主中原占据的土地一律归还原主。肃王爷去世了，川岛浪速没有了依赖，再也不能以善者的名义向日本政府伸手要钱了，就这样，川岛浪速一下变成了无所作为的布衣浪人。他的双耳开始听音模糊，后来严重到只能用笔进行谈话，而这也是他为自己无耻、下流行为所付出的应有代价。

川岛浪速卖了旧宅，也算是逃离了那有着难堪记忆的住宅。在松本市天白町租赁一处房舍，打算重新安排自己的生活。川岛芳子本来是川岛浪速和肃王爷一家保持亲密联系的唯一纽带，而现在却被他亲手给割断了，他现在需要重新建立一个全新的纽带。

另一面，在鹿儿岛的川岛芳子，过着表面宁静却内心凄苦的生活。她不断地给宪立写信，想寻求到一个解脱痛苦的方法。川岛芳子向宪立控告川岛浪速，想让他受到应有的惩罚。宪立回信一方面安慰川岛芳子，另一方面又不断地鼓励她勇敢地活下去，而且要学会忘记，忘记过去的伤心事，向前看，乐观地憧憬未来，并且打起精神牢记父王的遗志，披荆斩棘为未来开辟一条全新的道路。

20世纪20年代后，日本政府、军部、政党对中国政局的动荡，特别是对中国革命形势的发展，感到十分焦虑和恐慌。就在这个时候，日本又发生了一次空前严重的经济危机，日本政府为了摆脱困境，于是便准备对富饶的中国下手。1927年7月7日，田中义一在首相官邸召开"东方会议"，会议的目的就是制定新的对华政策，会议上，田中义一作了重要训示，就是日后开发表的《对华政策纲领》。会议结束不久后，田中义一根据会议精神，拟就名为《对满蒙积极政策》的奏折，这就是众所周知的《田中奏折》。

川岛浪速虽然老了，但这个老家伙对政治的敏高度却丝毫没有减退。当日本举国上下把目光投向中国东北的时候，川岛浪速更是欢呼雀跃，他的"满蒙独立"理念终获正果，终于得到了政界和军界的公开认可。他马上采取了行动,在大连设立了"川岛浪速办事处",与此同时,他认识到不能和善耆一家彻底断了联系,因为自己的生活还要靠大连"露天市场"的收益,而那里是关东厅划拨给肃亲王的土地。

1927年夏,川岛芳子断然拒绝回到川岛速浪的身边,只身返回中国,并改汉名为金壁辉。而就在川岛芳子离开鹿儿岛后,川岛浪速紧接着就写了一封信给川岛芳子的哥哥宪立,"割断难以割断的思念,将川岛芳子还给你。"仿佛是在用最精短的文字去表达一份最不舍的伤感,其实川岛芳子和川岛浪速心里都很清楚,两个人之间的养父养女关系早已彻底决裂,只是没有对外公开宣布而已。

不久之后,川岛芳子遵从父亲善耆的遗训——满蒙联合,匡复清廷,在旅顺与蒙古王族结婚。这其实是一桩典型的政治婚姻。

间谍生涯——女扮男装

在1928年的"皇姑屯事件"中,川岛芳子第一次给日本谍报机关留下了深刻的印象。当时觊觎东北三省已久的日本关东军因为张作霖的阻碍而无法顺利入侵,于是便决定实施暗杀。

想要实施暗杀,就必须要搞清楚张作霖的出行规律,于是川岛芳子就利用美色,顺利探悉到了张作霖专列回行奉天(沈阳)的时间和路线,使其被炸身亡。此次暗杀任务完成之后,川岛芳子就有了"东方玛塔·哈丽"的称号(玛塔·哈丽是第一次世界大战中德法两国之间的双重间谍,其最拿手的就是利用自己的姿色去窃取情报)。而川岛芳子对于这样的称呼却有些抵触,于是她再一次剪短了头发,穿上了男人的衣服,以一个男人的姿态出现在各种场合。

就这样,川岛芳子逐渐在日本的情报界展露头角,但另一面,她仅仅持续了三年的婚姻却走到了尽头。

婚后的川岛芳子发现,她的丈夫性格懦弱,没有领袖才能,与他的结合也不会为自己"满蒙联合，匡复清廷"的目的带来多大的帮助，于是便离开了他，在旅顺生活了很长一段时间。而这时已经从上海获益的日本方面也将侵略重心转移，这也是川岛芳子寻找了很久的机会。她有步骤地窃取中国方面的情报，企图挑起事端日本入侵东北制造借口。9 月 18 日，日军发动了震惊中外的"九·一八事变"。

10 月上旬，已经能熟练使用中日两国语言的川岛芳子奉田中隆吉之命赶到奉天，投到了关东军的高级参谋指挥之下。田中隆吉为了把川岛芳子培养成一个出色的间谍而教其说简单的英文，再加上川岛芳子有"清室格格"的招牌，她很快便成为了日军间谍中不可多得的骨干分子。已经得到日军信任的川岛芳子也是不负田中将军所望，为日军稳定人心、各国租界修好出了不小的力。

"九·一八事变"之后，日本关东军想建立一个傀儡政权，以代其统治，于是便将溥仪搬到东北三省。并秘密将溥仪从天津运到了大连。可由于匆忙，溥仪的皇后婉容（秋鸿皇后）却仍被留在天津。为了完成建国，日军必须设法将婉容接到满洲。因为川岛芳子在一系列重大事件中的上佳表现，再有她爱新觉罗家族成员的身份，日军便将"秘密运送婉容"的任务便交给了川岛芳子。

1931 年 11 月，川岛芳子带着一个男扮女装的随从，来到了婉容的居所。几天后，静园放出风，说肃亲王的十四格格的朋友不幸病逝，需要把棺材运出去，于是载着婉容的棺材便堂而皇之地运出了静园，且在到达旅顺的一路都是畅通无阻。事后婉容对这次冒险深表满意，还将母亲留下的翡翠耳坠送给了川岛芳子。日本关东军对川岛芳子也是特别嘉奖，授其陆军少佐军衔，此后的川岛芳子声名远扬，受到日本人的重用。

因为"九·一八事变"的影响，日本受到了来自国际社会的压力，日本方面为了转移视线，便想在上海寻找一些借口从而引发事端，日本人又将这个任务，交给了川岛芳子。川岛芳子利用金钱让一些中国的流氓袭击日本僧侣，使日本浪人进行报复性的袭击，造成了中国和日本在上海的对立。日本第一外舰队陆战队以此为借口，开进日本警备区域以外的上海闸北区，并与在当地驻守的中国第十九路军展开了激烈的战斗，这就是著名的"一·二八事变"。

皇姑屯事件中成功炸死张作霖，将婉容偷运至大连，在上海煽动起的"一·二八事变"，川岛芳子被日本军称赞为"可抵一个精锐的装甲师团"。

1932年3月1日，伪满洲国成立，溥仪于8日到达长春正式登基，当上了傀儡皇帝，这也成使川岛芳子的生命最高点，1933年，川岛芳子正式被任命为满洲国安国军总司令。但日本人的战略目标终究是占领全中国，这与川岛芳子复辟清王朝的梦想背道而驰，所以，川岛芳子很快便失去了被日本人利用的价值。

复辟梦的破碎

早在1934年的时候，川岛芳子就感觉到了满洲国并不是在日本帮助下的独立清政府，而只是日本的傀儡政权。川岛芳子对此很是失望，不时地公开批评日军的"大陆政策"，并利用个人的权力释放一些被逮捕的中国人。日本对此很快便有了警觉，于是将川岛芳子遣送回日本监视起来。

川岛芳子却并没有醒悟，继续为日寇效鹰犬之劳。1936年，川岛芳子借助东条英机的中日和谈战略东山再起，重回天津经营东兴楼饭庄，暗中继续间谍活动，进行为虎作伥的罪恶行动，从此堕入万劫不复的深渊。

1945年，日军战败投降，满洲国随之覆灭，清朝宗室的复辟梦也随之破碎。同年10月，川岛芳子被捕，并以汉奸罪被提起公诉。

1948年3月25日，在川岛芳子写完遗书之后，于上午6点45分在北平第一监狱被执行枪决，终年41岁。

死因争议

因为川岛芳子的机智聪敏，外加大半生间谍的生涯，民间便传出了"替身代死"的说法。在当时还有人匿名检举，说一个叫作刘凤玲的女子获得了10根金条，代替川岛受死，但事后刘家却只获得4根金条，引发轩然大波。2000年初，一名叫作张钰的女子称川岛芳子就在吉林的某个村庄以"方姥"的名义隐姓埋名，直到1978年病故。

关于川岛芳子是"替身代死"，方姥就是川岛芳子的证据一共有三：

证据一：

此女回忆，方姥是个十分谨慎的人，平日翻书的时候都用镊子，写的字画都用专门的炉子焚烧，几乎不留手迹。唯一留下的一张画，上面的字也被刻意地涂上了墨水。

证据二：

研究人员对川岛芳子被押期间所拍照片和行刑后的照片做出鉴定，鉴定两张照片中并非同一个人。针对这样的结果，日本方面再次进行鉴定，将行刑前后的照片通过电脑制作，将人像立体化进行骨骼分解。在对比中，日本的专家发现，行刑后的照片从肩骨看来应该是个长期干农活的妇女，而金枝玉叶的川岛芳子，即使日后行军，但也从未参与一线征战，更不可能干过农活。再从盆骨来看，被行刑者可能是一位已经经历过生育的妇女，而这又与川岛芳子的经历更加不符合。

证据三：

2009年3月8日，张钰在日本东京会见了川岛芳子的生前密友李香兰。2009 年 3 月 12 日，张钰来到李香兰住处。但这场会见李香兰事先要求不能超过 15 分钟。双方见面后，张钰谈起"方姥"的生活习惯，听完这些介绍，李香兰连声说"是哥哥"——李香兰对川岛芳子的称呼一向为"哥哥"。在谈话过程中，日本记者问李香兰："方姥会是川岛芳子吗？"李香兰回答："没有别的可能性了。"

台湾档案曝光川岛芳子被枪决文件，称绝非替身

而就当"替身代死"的说法传得沸沸扬扬的时候，台"法务部"曾主办珍贵狱政档案展览，展出了川岛芳子被枪决的调查文件。根据司法文献"河北监察使署函覆调查公文"显示，川岛芳子于 1948 年 3 月 25 日被以汉奸罪名执行枪决，枪决后陈尸监外，任人拍照，且检察官三次覆验，没有所谓贿买他人替死一事，替死传闻系"乖违事实之虚构"。

庆亲王府——奢华的王府

1. 地理位置

庆王府在北京和天津各一处。在北京的庆王府，位于西城区定阜街西部路北。

2. 主人变迁

第一代庆亲王永璘为清乾隆皇帝第十七子，嘉庆皇帝的同母胞弟。老庆王府在前海西街路北，即和珅府的一部分。

道光三十年（1850）庆王永璘的后人奕劻袭辅国将军。咸丰元年（1851）皇帝命奕劻由老王府迁至定阜大街原大学士琦善的宅第。

3. 艺术风格

庆王府当时是京城最华丽的王府之一。位于天津的庆王府，其整体建筑适应当时的西化生活，更结合了中国传统文化意象，是中西合璧式建筑的典型。

奢华的庆王府

第一代庆亲王爱新觉罗·永璘是乾隆皇帝的第十七子，与嘉庆皇帝同为孝仪纯皇后所生。

关于这位皇子，据《啸亭续录》言：庆僖亲王永璘，长得敦厚结实，皮肤黝黑；读书不多，但喜欢音乐、游嬉，经常微服出游，出入于市井狭巷之中，因此高宗皇帝对这个儿子不大喜欢。

永璘病重期间，嘉庆帝亲临府上探望，并进封为亲王。不久永璘死去，永璘第三子袭郡王爵位，他交出了府中"亲王不应有之物"，如太平缸五十四件，铜路灯三十六对。这批"违制之物"制作得极为精致，其中铜路灯就比紫禁城内的路灯还要精致，足见庆亲王府的奢华。

但是此处的这座庆王府在咸丰元年（1851），被咸丰皇帝赏给了恭亲王奕䜣后，便再次改名为恭亲王府了。而他的嗣孙奕劻，则不得不迁居到原大学士琦善的宅第。

庆亲王府的前世今生

在北京的庆亲王府原为道光时大学士琦善故宅。光绪二十年（1894）奕劻晋封庆亲王后，改称"庆亲王府"。据《晚清宫廷生活见闻》载，"到奕劻时，又在府内大兴土木，修建了万字楼和戏楼等处，建筑华丽精致。""其中房屋分五个大院落，大小楼房约近千间。大门口是纯粹封建王朝的特殊形式，朱红大门。院内主房有九处，高大如宫殿，只是屋顶为泥瓦而不是琉璃瓦。"该府成为当时北京城内最华丽的王府之一。

1900 年八国联军占领北京后，京城的王公府第大都遭到抢劫破坏。然而由于奕劻在与帝国主义侵略者的谈判中，极尽卑躬屈膝之事，使得庆亲王府受到了八国联军的保护，躲过了浩劫。

庆王府后园中原有一座大戏楼，分为上下二层，1310 平方米，可容纳约 400 人，奕劻每逢生日或喜庆，均大摆宴席演戏三天。京剧演员谭鑫培、王瑶卿、陈德霖、杨小楼等都曾到府唱过戏。另外据载振之子溥铨称，载振五十大寿时，曾经邀请众多亲友在该戏楼设宴庆寿，并召来"贵胄班"在该戏楼唱京剧。后来，这座戏楼毁于火灾。

奕劻死后，长子载振和他的两个弟弟分家析居，将府邸隔成三院，各辟大门出入。1923 年，载振怕王府引人注意，招惹是非，把王府大门和门内外一应设施全部拆除，改成一般住户的小门；不久王府中院着了一场火，其弟又先后迁居天津。次年（1924 年），载振也感到时局动荡，便在天津买了太监小德张盖的旧英租界 39 号大楼，当作"天津庆王府"，此后便在天津以"庆亲王"的身份住下来。

据爱新觉罗·溥铨的《我父庆亲王载振事略》记载，载振、载搏、载抡继承了奕劻的巨额遗产，过着不劳而获的寄生生活。

在天津庆王府，载振每天下午两点左右起床，男女仆人立即各执其事。洗漱后，就到佛堂烧香拜佛，然后吃早点，食毕，天气好则到花园内闲逛，玩赏鱼鸟花草。他曾养过龙睛鱼、金鱼、天鹅、野鸭、虎皮鹦哥等。后来他还养了几十种热带鱼，雇有专人喂养。此外，载振还喜欢京剧，尤其爱听尚小云、谭富英的戏，载振也会豪爽地送给这些京剧演员一些礼物，如玉器、牙雕，古玩等，有时也给钱。

1940 年，载振将王府售予伪华北政务委员会，兄弟三人均分所得。抗日战争胜利后，王府被国民党接收，设教育部编审会和国民党空军北平地区司令部于此。现为北京卫戍区和北京军区某部使用。

琦善与鸦片战争

咸丰元年（1851）的时候，皇帝命奕劻由老王府迁至定阜大街原大学士琦善的宅第。如此说来，这个琦善同庆亲王家也算是有些渊源。那么，这个琦善又是何许人也呢？他是清朝的官员，如果谈及他在历史的舞台上所扮演的角色，我们就不得不提及一件事情——鸦片战争。在鸦片战争中，琦善终究做了些什么呢？下面让我们来慢慢了解。

鸦片政策

随着鸦片在中国的日益泛滥，清朝政府将禁烟的问题放在了首位。针对禁烟的问题，清廷中的官员形成了"严禁派"和"弛禁派"，两派互不让步，各有持见。

以鸿胪寺卿黄爵滋和时任湖广总督林则徐为代表的"严禁派"提出，针对鸦片的禁止，要采用严刑峻法去控制。对于吸食严重的人，广传戒烟良方，并限制其一年的时间戒烟，如果一年之后仍吸食鸦片，平民则给予处以死刑，如果是官吏，不但犯官治罪，而且还会拖累其子女不准参加考试。严禁派还下达政策，邻里之间相互监督，设五个家庭为一组，相互结保，如果发现邻居吸食鸦片而不举报者，即为包庇其吸食，并予治罪。如果发现有人吸食鸦片而举报者，朝廷将给予奖励。为了给吸食鸦片者一个"下马威"，黄爵滋还对外谎称自己查过相关的资料，说洋人对待该国吸食鸦片的人都是很残忍的惩罚——将吸食者绑在竹竿上，然后插进大炮当中，击入大海，让其溺死。

另一方面，以太常侍少卿许乃济为代表的"弛禁派"则是提出取消鸦片禁令，并准许其公开买卖，并按其为药材来纳税，但为了防止白银的外流，所以交易的时候只允许以货易货。"弛禁派"还提出，国内对于种植鸦片并不予以限制，并且天真地以为，这样随着国产鸦片的增多，洋商便在中国无利可图，外国鸦片自然而然就会消失。

而琦善在鸦片战争当中所持的态度是坚决反对黄爵滋和林则徐的重治吸食者。认为黄爵滋和林则徐两人的这个主张实在是荒谬至极。琦善认为，贩卖鸦片者的罪过要重于吸食鸦片的人，将吸食鸦片的人处死而让贩卖鸦片的人逍遥法外，实在难以说通，况且黄爵滋和林则徐所提出的治理办法实在是缺乏可行性。鸦片的吸食历史已经数十年之久，遍布全国政策不好实施。如果吸食鸦片的人因为政策的太过严酷而联合起来抵抗，那后果是不堪设想的。而且，在闽省海疆，那里吸食鸦片的人数量尤多，如果因为吸食鸦片而逃到外国海域，外国人会借此机会给予逃罪者资助以探听中国情况，然后在某个驻兵薄弱的僻壤登陆而入侵中国，后果不堪设想。琦善还提出，吸食鸦片的人众多，官吏、书生、农民等等，如果全部给予处死，恐怕全中国要斩杀大部分的人。再有，关于"五家互保"的这个问题上，琦善也是提出的强烈的反对。琦善认为，明知道吸食鸦片已是禁令，自然不会在光天化日下公然吸食，等到夜深人静，藏于某个不被人知的角落吸食，邻居又怎能知道？

琦善主张，闭关锁国，不准通商，截断鸦片的来源，而至于已经流入内地的鸦片，也并不采取缉捕销毁。一年半载之后，因为鸦片已经没有了来源，贩卖鸦片的人就会另寻他业，而吸食的人也就会强行地戒掉鸦片。琦善认为，这样才是从源头上解决了鸦片的问题。

后来在直隶总督任上，琦善在禁烟行动中共缴获了鸦片 13 万两，这个数目仅次于两广总督邓廷桢的 26 万两（因为广州是鸦片走私的主要地域，所以两广缴获的鸦片数量很大），比湖广总督林则徐多 2 万两。

鸦片战争

这场禁烟活动激怒了英国人，1840 年 8 月 11 日，英国舰队进至天津海面，当时为直隶总督的琦善立即赶赴天津与英军司令会面。后来琦善同穆彰阿、伊里布等一些与林则徐有过节的大臣们向道光皇帝上奏，污蔑林则徐允许贩卖鸦片后又反悔，如今实施禁烟政策，惹火了英国人，导致英国想对中国发起战争，将所有的责任都归咎给林则徐，并夸大了英军的实力，向道光帝上奏主张"罢战言和"，同英国人进行谈判。

8 月下旬，道光帝任命琦善为钦差大臣去广东查办，将林则徐、邓廷桢革职，并任琦善署两广总督兼海关监督。1840 年 11 月 29 日，琦善到达广州，与英国开始谈判，因为双方开价差距悬殊，所以谈判并没到达"言和"的效果，道光帝在得知英国人的过分要求后，下令备战。谈判破裂后，英军发动战争，也就是著名的虎门战役。此次战争中，英军仅以 38 人的伤亡代价便轻松地击败了清军。1841 年 1 月 8 日，琦善要求同英军重新谈判，英军也同意暂时休战谈判。1 月 21 日，英方公布了《穿鼻草约》，其中要求割让香港岛。因为涉及了割地，所以琦善不敢在条约上签字。而远在伦敦的英国政府也因为其中获利太少未在上面签字。五天后，英军强行占领了香港岛，道光帝得知这件事情后，认为琦善畏敌，有卖国动机，于是便将其撤职查办，锁拿回京城。

鸦片战争后的琦善

琦善被道光帝"革职锁拿，查抄家产"，发配军台。在后来的调查中发现琦善并没有卖国动机，后又将琦善赦免。又在官场上沉浮了几年之后，1854 年，琦善在扬州因病逝世。

清廷授封的最后一个铁帽子王

奕劻，乾隆第十七子永璘之孙，被封为庆亲王，也是清朝最后一个铁帽子王。清朝末代皇帝对奕劻曾做出这样的评价：大清二百多年的天下，断送在奕劻手里。

借寿诞之机收礼

1908 年，奕劻七十诞辰。各地进献者络绎于道，庆王府门前车水马龙。他按礼金薄厚将送礼者分为福禄寿喜四级，如送现金万金以上、礼物三万金以上者登记在福字册；现金五千以上、礼物三千金以上者登记在禄字册。凡现金千金以上者，入三级寿字册；凡现金百金以上及礼物值数百金者，入四级喜字册。据传这一次七十寿诞，奕劻就收了五十万两白银及价值百万两的礼物。

奕劻的这方面的声明也传到了海外，1911 年《泰晤士报》刊发《庆亲王外传》一文，称奕劻："彼之邸第在皇城外之北，北京大小官员，无一不奔走于其门者，盖即中国所云'其门如市'也。"

清朝谥号最差的亲王

1912 年清帝退位后，奕劻迁居天津。1917 年，清廷授封的最后一个铁帽子王奕劻死在了天津，时年 79 岁。庆王府按惯例，向北京紫禁城中的小朝廷讨谥号。

内务府大臣初拟谥"哲"，按谥号解，知人曰"哲"。溥仪不同意，亲选四字，让内务府选择，为"谬、丑、幽、厉"。后来，溥仪的父亲载沣选了"献"字。溥仪还是不肯，后在亲贵力争之下，才赐谥"密"字，密者，"追悔前过"之意。谥号为"密"，即追补前过之意。

顺承郡王府——异地复建的王府

基本概况

1. 地理位置

旧时王府位置：北京市西城区锦什仿街东侧，旧赵登禹路三十二号。现为全国政协机关所在地。

现在王府位置：北京市朝阳区朝阳公园南路 19 号。

2. 主人变迁

顺承郡王府的第一位主人勒克辉是清太祖努尔哈赤曾孙，后获得了"世袭罔替"的殊荣。1917 年，讷勒赫去世，其子文葵仍被已逝帝位的溥仪封为顺承郡王，但家境远不如前，1921 年将王府卖给了入据北京的张作霖，成为大帅府。

与众不同的王府

顺承郡王府的建设正当清代初年鼎盛之时，所以建设王府时都用上等材料，建筑质量优良。顺承郡王始王为勒克德浑，系礼亲王代善第三子萨哈林第二子。以平定南明政权、招降李自成余部的功绩晋封顺承郡王。

顺承郡王府布局自外垣以内分三路，中路是主要建筑，和其他王府形制一样，也是前殿后寝，有正门宫门、正殿和两侧翼楼、后殿、后寝，原后楼现已无存。东西两路为生活居住区。西路和东路，各分别由不同的大小院落组成。顺承郡王府院内，有四株高大的楸树最为著名。

满族画家文仰宸，本名爱新觉罗·文葵（第十五代顺承郡王），据他回忆说，按清代制度王府正门前应有大石狮子一对，唯独这个府没有狮子。王府的正所即正殿前都不种树，唯独这个正殿前有四棵高大的楸树，从街道上很远的地方就能看到它那虬枝杈丫的树冠，据说是明代就遗留下来的。另外，各府平时都由一边阿斯门（满语，旁门之意）出入，只有这个府东西阿斯门在白天全都开着，除车马不准通行外，普通行人是可以往来穿过的。这都是它在清王府里独一无二的。

1994年，全国政协礼堂修建新楼，将顺承郡王府异地搬迁，复建到了朝阳区朝阳公园东侧，这也是北京的铁帽子王府第一次整体异地复建。

中国最后一个王爷

清末的顺承郡王是讷勒赫，但无嗣。在他去世后，存留的清宗人府机构便让他远房堂侄文葵继承爵位，这时文葵只有7岁。

文葵进王府后，除应酬之外，主要是学习，读"四书五经"，只有一个妹妹陪读，他对"经史子集"很感兴趣。出来进去都有随侍跟着，上学有老师管着，除"四书五经"外，别的书他都是自己看，自己学。还有一位老名士叫胡玉泽，教他书法，学写篆隶和赵孟頫的字，也学画山水，一学十年。为了接触新的东西，他也到社会上去读书，曾将"新学"中的物理、化学都学了一遍。

文葵长大后想"恢复旧朝"，便去了满洲国当了炮兵少尉。但是后来发现满洲国没有希望，便借故回到北京，闭门谢客，勤习书画，以贩卖字画为生。文葵是满洲国成立之前，最后一个真正袭封的王爷。故而被称为清代事实上"最后一个王爷"。

锦什坊街住着穷顺王

瀛生是清太祖努尔哈赤第十三世裔孙，是清朝最后一代多罗顺承郡王爱新觉罗·文葵之胞弟。属"启"字辈，他的全称是"爱新觉罗·瀛生"，名文蓬，字瀛生，笔名常瀛生。

为什么权倾朝野的王府、富甲一方的贵胄之家，却在雍正以后成了远近有名的"穷王府"呢？这传奇的故事，还得从雍正年间西北征战说起。

瀛生家的先人在当时的战役中立下了汗马功劳，得到清廷的重赏，并将其从"郡王"升为"亲王"。雍正年间，清廷用兵西北。时第八代顺王锡保带兵时，由于遭遇特大暴风雪的袭击，成千上万匹用于运输的马匹、骆驼在严寒中冻死，因此运往前线的供给完全断绝，此次征战因而失败。雍正皇帝盛怒之下，不但将他削爵为民，而且责令其赔偿数目巨大的白银

据说顺王将家中财宝和大部分旗地都被典当还债。昔日显赫的王爷府，从此赤贫如洗了。在老北京人的心目中，留下了"穷王爷，穷王府"的深深印象，连儿童歌谣中都有这样的顺口溜："锦什坊街怎么那么长，里头住着穷顺王。王爷的衣库和合当，王爷的膳房富庆堂……"

这顺口溜生动地说出"一贫如洗"的王爷家的状况，穷得常将衣服送到当铺去抵押换钱了，因此把"和合"当铺变为自家的"衣库"了；同时嘲笑这家穷王爷早已没有自家的"膳房"，偶尔想改善一下生活，只得去"富庆堂"饭庄买个菜"打牙祭"。

不过从清末的记录来看，文葵任顺承郡王的时候，手中还有相当数量的旗地，可能是口传历史的误区。

易手张大帅

张作霖也算是顺承郡王府里的一个主人。这又是怎么一回事儿?

事情是这样的,张作霖的姻亲鲍贵卿向张作霖介绍,说顺承郡王府无论从地理位置还是面积都很适合作为帅府,建议张作霖考虑将其买下作为自己的帅府。经过再三的考虑之后,张作霖以 75000 银元的价格买下了顺承郡王府作为府邸,那一年是民国十年 (1921)。张作霖在北京期间,顺承郡王府作为大帅府成为北洋军阀的政治和军事中心,经历了民国初年政坛的风风雨雨。

当年,张学良一直随父亲住在顺承郡王府。1928 年,张作霖于皇姑屯被炸身亡,张学良返回奉天。1931 年张学良重回北平,仍住此地,直至 1933 年出国考察。张学良与赵四小姐产生了缠绵悱恻的爱情,赵四小姐为了追随张学良毅然决然地从天津来到北京,她与张学良曾经在顺承郡王府居住长达数年,据说他们住在这里时,曾经在王府里建了网球场。

顺承郡王府作为大帅府后被重新装修过,据说 1950 年国家向张学良在大陆的亲属商购这座王府时,在正殿天花板上发现了用篆体"寿"和"张"字组成的图案。

固伦和敬公主府
——清代唯一一个固伦等级的公主府

1. 地理位置

北京市东城区张自忠路 7 号（原铁狮子胡同）。

2. 主人变迁

该府邸是清乾隆皇帝第三女固伦和敬公主下嫁后的赐第。

该府的最后一位府主名达赉，字竹湘。1923 年，达赉将该府卖给直鲁联军总司令张宗昌。之后，和敬公主府几经变化，现为机关单位用房。

3. 建筑特点

这座府邸的一大特点是体现了中国建筑的生活化、住宅化，特别是院内的十字游廊，夏季可以遮阳挡雨，晚上能乘凉，冬季可以挡风挡雪。

入关后最长寿的公主

住在王府里的这位公主是乾隆爷的第三个女儿，其母是极受乾隆帝宠爱的孝贤纯皇后，根据史料记载，说这位公主并不像其她公主那样喜欢妆饰，却素雅高贵，且满腹经纶，尚佛尊儒，生性聪慧，胸怀大度，颇有其母风骨，长相也与其母后十分相似。被乾隆帝视为掌上明珠，因此得封固伦和敬公主。

固伦和敬公主府——清代唯一一个固伦等级的公主府

在固伦和敬公主 16 岁那年，乾隆把她嫁给了蒙古科尔沁部辅国公色布腾巴尔珠尔，但是乾隆帝不忍爱女远嫁，破例准其留驻京师，一直居住于京师的公主府内。她也是居于京师而享受 1000 两俸银的第一位公主。因为清廷有规定：只有远嫁的公主才可领取 1000 俸银，留京公主只能领取 400 两俸银。

在固伦和敬公主 24 岁的本命年之际，为了求得爱女本命年吉祥，寿康长久，乾隆皇帝特下金诏一道，赐宝庄一座，赐字号"六和敬"，赐金石御宝护身符共 5240 件，同时命御用金石翰林大学士杨得意为宝庄总管，使其入王府编制。

杨得意先生侍宝如侍君，每日早晚必恭敬问候，观必拭目，抚必净手，背不遮光，面不愠色。在他看来，每一件珍宝都有灵气，每一件珍宝都能与其对话。据传，每日早晨，六和敬宝庄的上房天空紫气缭绕，暗香袭人；夜半六和敬宝庄室内时常传出环佩叮当之声，如闻天籁弦音。乾隆闻知，欣然命笔题曰："得天独厚，容德兼美；蒙神钟爱，曲尽和敬。"

乾隆五十七年（1792 年）和敬公主故去，享年 62 岁，在众多的皇子、公主中属于高寿。杨得意得皇上谕旨，世代养护六和敬宝庄。

和敬公主死后，葬于北京东郊东坝镇附近。当时色布腾巴尔珠尔家族出于政治、经济上的需要，将和敬公主的衣冠葬于自己的领地内，这就是今天的公主陵遗址。按照清朝的惯例，只有皇帝之墓称陵，而此处亦称公主陵，其原因有二：一是和敬公主生前深受乾隆皇帝的宠爱，其夫又战功卓著；二是葬于东北边疆蒙王领地，距京城遥远，称"陵"以提高其政治地位。

六和敬宝物的后续故事

话说八国联军进入北京，杨氏后人为了保护这批珍贵的宝物，以性命为代价，在洋枪洋炮的轰鸣中将4千多件珍宝连夜埋入地窖，可惜，时间紧迫，仍有三百多件来不及妥善处置，结果遭到抢劫。

到段祺瑞执政的北洋军阀时期，六和敬却被段司令以救国救民的名义强行充作军饷基金，并被改名为"六和敬珠宝拍卖行"。北洋政府至少十分之一开支来自六和敬珠宝的拍卖所得。

九·一八事变之后，日本人进入北京，日本人严刑威逼杨氏交出六和敬所有珍宝，杨氏誓死不从，才又一次使仅余一千多件的珠宝免受损失。民国时代，傅作义鼓励商贾经营，六和敬重整门面，以典当为手段进行民间珠宝收购生意，未几年，又库存珠宝数千件。

迎来了一位三不知将军

该府的最后一位府主名达赉，字竹湘。1923年，达赉将该府卖给直鲁联军总司令张宗昌。张宗昌人称"三不知道司令"，即不知道自己手下有多少兵，不知道自己有多少钱，不知道自己有多少个姨太太。张宗昌的公馆离顾维钧宅不远。据说他请顾夫人过府吃饭时，总要烹调鱼翅、燕窝等贵重食品，还要摆出他那套价值5万美元、有名的比利时造水晶玻璃餐具来。

1932年张宗昌在济南遇刺身亡，众多的姨太太、后人为争夺遗产打得不可开交，这座大宅子也就易手他人了。

庄亲王府——被一分为二的王府

1. 地理位置

庄王府在西城区太平仓胡同路北。1914 年，庄恭亲王载功将府邸卖给军阀李纯兄弟，李纯拆下建筑的各个部分，编号后于 1923 年在天津重建，现为南开人民文化宫。

2. 建筑特色

府内规格与建制与其他亲王府大略相同。因为始王硕塞亲王是皇帝的哥哥，又战功赫赫，故庄亲王府占地面积之大、建造规模之巨，在同一时期的王府中位居前列。

文武双全的铁帽子王与李通判的轮回传说

庄亲王府原本是承泽亲王硕塞的府邸，硕赛是清太宗的第五个儿子，于顺治元年（1644）被封为承泽郡王，后以军功晋亲王。

承泽亲王硕塞不但是个政治家，还是个艺术家。他是皇太极子侄辈中少有的文武全才。他能诗善画，尤其擅长山水画。清人李放在他的《八旗画录》中说他的画"秀润天成，无尘世气"。他的画作《奇峰飞瀑图》曾得到过著名画家高士奇和宋小濂等人很高的评价。他的另一画作《夏山图》被收录在《故宫书画集》1931 年第 14 期上，也是一幅非常值得欣赏的艺术佳作。

而关于硕塞，还有一段关于他和李通判（通判是"通判州事"或

"知事通判"的省称。宋初，为了加强对地方官的监察和控制，防止知州职权过重，专擅作大，宋太祖创设"通判"一职。）的轮回传说：

在清代初年的时候，有一位李通判，山西汾州人，说来也怪，这个人不仅记得他自己的前世，还记得他在转生之前在另外一个空间里的经历。

据李通判自己回忆，他的前世为明朝晚期乡间的一个学究（唐代科举制度有"学究一经"科，专门研究一种经书，应这一科考试的称为学究，后来泛指读书人。）很有学问。在他的前世，老学究年过五旬后的一天，他正躺在家中休息，忽然见到有两个来自另外空间的卒役拿着个帖子上门请他，说我们的上级长官请您前去教书。于是老学究便被他们带走了。

不久后，老学究和两个卒役来到了一处府宅，看起来像个官府，这时候，一个穿着青衣的人把他带进了书房，之后，他便每天在书房当中为两位公子上课，在此期间，他总是能听见外院传来官员审判犯人的声音，而且从来没见过这里的主人。

一天，老学究向两位公子表达了他想见王府主人的想法，两位公子听后便说，主人马上就会来见你。不多时，主人果然出来了，穿着打扮讲究，是个富贵之人，他向主人请求想回到自己那个空间的家中，但却被主人拒绝，并安慰其说道，你的未来自有好的去处。

一天，主人请客，便也让这个老学究一同赴宴，他与主人恭候了好久，见到有个轿子抬来了一个和尚，身边有很多的随从，显得很尊贵的样子，主人称其为"大和尚"，过了一会，又一个轿子抬来了一个和尚，主人称其为"二和尚"。

就这样，老学究与主人、大和尚还有二和尚开始一起吃饭，而席间主人与大和尚、二和尚聊了很多的话，但老学究却一句也听不明白。

正当吃饭吃到一半的时候，忽见凭空出现了一架梯子，大和尚与二和尚起身同主人道别，然后便登上梯子拾级而上。老学究正看得出奇，这时主人催促他也赶快随两个和尚一起登梯。于是老学究便登上梯子，可爬着爬着却忽然掉了下来，等他在睁开眼睛的时候，他已经投胎转世成一户李姓人家的新生婴儿。而且他一出生便会说话，但他并不敢表现得太过超常。在其四岁的时候他便可以持笔写文章，如同常人中的神童。在明崇祯年间考中了科举，并被委任到扬州当通判。

后来改朝换代，清兵下扬州的时候李通判作为归顺清朝的前明官员去恭迎清朝王爷。他正跪在地上恭迎，一位王爷走过来将他搀扶，好像救旧日相识一样，笑着用对他说：当日之事你还有记忆吗？扶起李通判的人正是我们的承泽亲王硕塞。李通判抬头看着眼前的王爷，大吃一惊，这位王爷不就是一同吃饭的那个二和尚吗？衣冠虽然变了，但音容相貌却没有改变，此时的李通判才知道，原来二和尚已经转生当了清朝的王爷，而且也拥有着转生前的记忆。

这只是一则关于硕塞的小故事，并不是真实发生的。硕塞逝世后，其爵位由其长子博果铎承袭，并改号为庄亲王。从这时起，承泽亲王府遂改称庄亲王府。

精通音律的十六王爷允禄

庄亲王博果铎因无子嗣，在晚年卧病的时候无人照看，一次康熙皇帝前去府上探望博果铎，见其身边没有子嗣侍奉，便说："庄亲王身边怎么能无人侍候？将十六阿哥过继给其为子嗣吧。"于是，便将十六阿哥过继给了博果铎。但是，庄亲王博果铎的弟弟惠郡王翁果诺是有子孙的，为什么不让他们袭王呢？

有一种说法是，博果铎死前，"子孙争立，致触圣祖之怒"，才造成十六阿哥过继的。其实博果铎确实无子。及至庄亲王博果铎去逝，十六阿哥就承袭了庄亲王。

雍正元年（1723），十六阿哥允禄承袭庄亲王王爵。庄亲王允禄自幼受康熙帝的影响，他精数学、通乐律，还很有治国之才。27岁时就受到雍正皇帝的重用，总管内务府事务。高宗即位时，允禄作为辅政大臣，并总理事务，负责管理乐部，领双倍的亲王俸禄。

乾隆元年（1736），庄亲王允禄总理事务，赏食亲王双俸，特请封翁果诺孙明赫为镇国公。明赫在乾隆四年（1739）丢爵后，允禄仍厚分与田宅，受到当时舆论的一致称赞。

庄亲王载勋

庄亲王是康熙年间八大近支勋臣之一（与皇帝的血统最近的那支亲系），号称"八大铁帽子王"之一。到了载勋这一辈，已经是第十代庄亲王了，其门第在大清国的历史上已经显赫了二百多年。

1900年1月，慈禧在西方外交人员的强烈抗议声中发布了维护义和团的诏令。朝中庄亲王载勋、端郡王载漪、辅国公载澜亦主抚义和团，向洋人开战。就这样，在慈禧太后的主持下，清帝国的最高决策权掌握在了这么一小撮满族王公的手中，而"载"字辈的最为有权。即载濂、载漪、载澜和载勋。其中载濂、载漪和载澜是亲兄弟，载濂是自然承袭的郡王；载漪不仅是个郡王，而且还是总理各国事务衙门的大臣兼禁卫军虎神营的总兵；老三载澜是辅国公，出任禁卫军右翼总兵，兄弟三人掌握着帝国京畿（京畿一词出现于中国唐朝，京畿的意思是国都和国都周围的地方。）部队的军权。

载勋借此机会在府中建坛，当各地的义和团到达北京之后，先是在庄亲王府挂号编伍，而载勋自己也是身穿短衣、头裹红巾。团首有人自称是关羽，载勋竟然下跪迎接，不敢仰视。不久后，载勋被任命为京师步军统领，也就是九门提督，悬赏捕杀洋人。后来八国联军攻入北京，庄王府这座对抗洋人的指挥所也遭到了破坏，大部分被毁坏，只剩下后院被保存下来。

八国联军攻进北京城后，慈禧太后携光绪等西逃。1901 年的时候以"庇拳启衅"罪名赐庄亲王载勋自尽。

而说到载勋的"自尽"其实还颇具传奇意味，很值得一提。

因为义和团的关系，载勋被各国指为"祸首"，先是被革去了官职，就近在山西蒲州府派员管束，随后又交到宗人府发往盛京圈禁起来。可各个国家对载勋的这个处理方案还是不够满意，后慈禧太后不得不再发布上谕："已革庄亲王载勋，纵容拳匪，围攻教堂，擅出违约告示，又轻信匪言，枉杀多命，实属愚暴冥顽。着赐令自尽……"

当奉诏前来宣读赐自尽谕旨的兵部左侍郎葛宝华到达时，门外放炮迎接。载勋听到炮声便责问："为何无端放炮?"随从告诉他是因为钦差来了。载勋马上警觉了起来，遂追问钦差来到是不是为了他的事，不明白真相的随从只是答道："钦差过境。"葛宝华进门登堂，载勋便开始向他询问慈禧太后的情况，葛宝华没有回答，也没有坐下，紧接着便走出堂外四处巡看了起来。葛宝华选中了一间空房——作为监督执行自尽的地方。找好空房后便命令左右随从在梁间悬挂起布帛，然后将房门锁上。葛宝华返回大堂后，即传令蒲州府有关官员派兵前来弹压，另一面便令载勋跪听圣旨。载勋有所察觉，便问其是不是要杀头。葛宝华没理他，继续宣读圣旨，圣旨读完，载勋感情复杂地说道："自尽耳! 我早知必死，恐怕老佛爷亦不能久活。"接着便要求和亲人话别，唤来了侍妾和儿子后，载勋嘱咐儿子说："尔必为国尽力，不要将祖宗的江山送洋人!"说完后便问葛宝华哪里自尽，葛宝华将其带到古庙中的那间空房，看到梁间已经绑好的布帛，载勋回头同葛宝华说道："钦差办事真周到，真爽快!"说完这句话便主动上吊。据载："不过一刻，即已气绝。"

王府为何被烧毁

该府"庚子之变"时，毁于一旦。为什么如此恢弘的一座王府却被毁于一旦呢？这还得从 1900 年的义和团运动说起。

当时清政府在内忧义和团起义、外患八国联军入侵的形势下，慈禧想利用义和团来抵制八国联军，使鹬蚌相争坐收渔人之利，就命庄亲王载勋等篡夺义和团的领导权。

于是庄亲王载勋就在王府设立拳坛，并且纵令义和团抗击八国联军，袭击使馆，此举虽然打击了列强，但也激怒了八国联军。最终，慈禧夺庄亲王的爵位，令其自尽。庄亲王府也遭到了八国联军的纵火焚烧，建筑大部分被焚。

庄亲王载勋死后，其四弟载功承爵后居住王府时，王府的一半均是废墟。

豪门气派成前尘往事

第十三代庄亲王是溥绪，他是载功第二子。辛亥革命以后，作为旗人溥绪无俸粮、俸银，生活非常艰难。于是他不得不将王府卖给了军阀李纯兄弟，并隐去皇族姓氏改姓庄，名清逸，号清逸居士。

李纯兄弟在接手庄亲王府后，因传闻在豫王府（府址在现协和医院）的地下和墙壁中挖出大量黄金，拆除剩余的王府建筑，希望从中发现隐藏的财富，结果王府建筑惨遭毁坏。但却毫无收获，后又在原址建房，改称平安里。

溥绪凭借高深的文学修养和对京剧艺术的热爱，编写了许多优秀的京剧剧本，成为当时有名的京剧剧作家。例如他先后为尚小云、高庆奎、郝寿臣等京剧表演艺术家创造了京剧剧本达 30 余出，为京剧艺术的发展作出了巨大贡献。《中国京剧史》评价庄清逸的剧作："精于剧本结构，巧于排场关目，其新撰剧本多能演出于舞台。"

大公主府——中国最后一位公主的府邸

基本概况

1. 地理位置

美术馆后街 23 号，今北京中医医院内，其府邸早已踪迹全无。

2. 主人变迁

大公主府为康熙皇帝第 24 子诚亲王允秘的王府，同治八年
(1869)，改做为咸丰皇帝女儿荣安固伦公主的府邸，后又转赐给荣寿
固伦公主，荣寿公主是恭亲王的长女，故称"大公主府"。

大公主的过继子麟光挥霍无度，把公主的凤冠也典当了出去。债
台高筑的麟光死后，债主们纷纷登门讨账，其后裔便弃府而走。大公
主府遂被债权人吉祥戏院所占。1956 年，此处改为北京中医医院。

中国最后一位公主

大公主府的主人，荣寿固伦公主是载入《清史稿》的最后一位公
主，是恭亲王奕䜣的长女，为什么恭亲王的长女不是"郡主"，而是
"公主"呢？

历史上的恭亲王奕䜣是咸丰皇帝的异母弟，咸丰帝死后，慈禧、
慈安在恭亲王奕䜣的支持下发动政变，实现垂帘听政，奕䜣也成了掌
握大权的重臣。慈禧太后对其恩宠有加，宣其女进宫生活，将她收养，
于咸丰十一年（1861）晋为固伦公主。恭亲王固辞，诏改荣寿公主。
赐乘黄轿，赏食公主双俸。

清朝制度，中宫皇后所生女封固伦公主，嫔妃所生女封和硕公主。固伦公主品级约相当于亲王，和硕公主约相当于郡王。非皇帝亲生女而晋封为公主，在清朝历史上绝无仅有。奕䜣的长女以郡主身份获得固伦公主品级，无论从哪个角度讲都是一种殊荣。不过，荣寿公主的经历也并非一帆风顺。同治四年（1865），奕䜣与慈禧太后发生矛盾，被罢去议政王和军机大臣之职，荣寿公主也受到牵连，其固伦公主的品级被撤销，直到光绪七年（1881）才恢复。

公主的一生

在清朝，因为地位的缘故，女人们的一生似乎总是没有男人们活得精彩，没有四处征战，没有在朝中争权，那么，这个大公主的一生是怎样的呢？是同宫中其她女人一样单调走完一生，还是活出自我，为清朝的历史增添了一笔不可缺少的色彩？下面，让我们回顾历史，探究这个大公主的一生是怎样的传奇？

公主选夫

这位荣寿公主，在七岁的时候就被封为了固伦公主，这是亲王的女儿封为公主中的最高级，对于才年仅七岁的固伦公主，实在是特例中的特例。到了小公主12岁的时候，慈禧太后就做主为这个看起来老实巴交的小姑娘选夫婿。

据清宫中的老太监回忆：这一天，荣寿公主被打扮起来，穿上格格的礼服，像个小大人似的走着不急不缓的宫廷步伐，在王妃、命妃等贵妇的前引下，小公主先去后宫朝见慈禧太后，然后又走进一间昏暗的内屋，放下门上的竹帘，静静地等着见她未来的丈夫。

三个少年依次走进，并排站好，先是向公主请安，然后就屏气低头垂手站着。过了一会，太监示意三个少年退下，公主已经挑选完毕。

这样的程序，被选中的男孩子一定是公主所喜欢的男孩子，不过，荣寿公主的婚姻自主权极其有限。反正是个程序，太后准备的候选人，怎么都好。公主不是对少男有很多幻想和喜欢挑拣的人。

被选中的斯文少年叫作富察志端，是满清王公富察景寿的儿子，景寿娶的也是一位公主——道光皇帝的女儿寿恩固伦公主。皇亲国戚，亲上加亲，荣寿公主的婚事没有任何异议和阻碍。

富察志端和荣寿公主定亲之后，公主府就建在地安门外的宽街。在公主府不远处，驸马第也同时在修建当中。公主府在众人的瞩目中逐渐成型，相当气派。

年轻守寡

就在荣寿公主嫁给富察志端的第五年，额附志端就因病去世了，而那一年的荣寿公主只有 17 岁。就这样，还没有生育过的荣寿公主做了寡妇。

清朝对公主有这样一个"管制"：在公主出嫁的当天，并没有什么所谓的洞房花烛之夜，行完大礼，两个人就各回各的府邸。以后驸马每天早上晚上都要去公主府请安，请安完毕就回到自己的府邸，除非公主宣召，否则，驸马是不可以留宿的。而在这之前还有诸多的规矩。在这样的"管制"之下，公主的子嗣很少，甚至没有。

还是"少女"的荣寿公主面对漫长而寂寞的守寡日子，怎么会毫无感觉。据清宫里的老太监会议说，他们经常可以看见荣寿公主自己在院子里骑马玩，看起来十分可怜。

慈禧见荣寿公主年纪轻轻就守寡，又无儿无女在身边陪伴，看着十分可怜，便把她接到了宫中。慈禧自己也是年轻的时候就守寡了，所以特别能贴身体会这种寂寞的滋味。在亲王的女儿们中，若有守寡无子的，慈禧都会把她们叫进宫来，大家一起也热闹些。就这样，在慈禧身边，围绕着一堆的寡妇——包括后来的隆裕皇后和瑾妃。光绪皇帝嫌她们丑而无趣，根本不予理睬。慈禧太后身边的这些遗孀中，荣寿公主是最本分的一个。她本来就面容有些老气，孀居后更是不再穿任何花哨的衣服，不做任何妆饰打扮，虽然才二十几岁，但看起来却像个老妇人一样。

宫中生活

虽然荣寿公主就这样年纪轻轻地守了寡，但她在宫中的生活过得并不像其他寡妇一样无味。

从长相上来说，荣寿公主长得并不美，还有些老气，但这也是慈禧太后特别疼爱她的其中一个原因——慈禧太后最反感美艳、活泼、名堂多的女孩子了。老太监说，单从背影来看，总是将荣寿公主和光绪帝的隆裕皇后相混淆。隆裕皇后面色枯黄，牙齿微龅，瘦高而干枯，因为高得不好意思，所以经常刻意地扭歪着身子。但荣寿公主在正面比她要好看一点，行坐端正，看上去更具威严。

其实，荣寿公主并不是枯燥无能的人物。她性格沉静低调，对慈禧太后更是一片忠心。复杂的后宫当中，荣寿公主更是眼观六路，处事公允，喜怒不形于色，除了让她讨厌的李莲英，她与任何人都相处得很好。因为荣寿公主是亲王的女儿，又是慈禧的养女，熟知贵族和皇宫的礼仪，如若皇宫大臣的夫人们想要拜见慈禧太后，都需要先经过她的安排。外国使节的太太进宫，也是需要她接待作陪。

荣寿公主并不是没有情趣的人，闲来无事的时候，她就自学花鸟画，画得还很像那么回事儿，她的花鸟画跟瑜贵妃的山水画，并称为"宫闱二妙"。

慈禧都要让三分

在后宫，荣寿公主生活得游刃有余，慈禧对她更是万分信任，须舆离不开她，后宫之中，也只有她敢当面劝告慈禧太后，是一个连慈禧都要"让三分"的人。但荣寿公主其实很少进言，如若进言，慈禧太后是多半肯听的。如此分量，王公大臣对她都很敬畏。

慈禧太后喜欢穿着艳丽奢华的衣服，而大公主每次看到穿着奢华的慈禧太后都会很不高兴，而且说的话也很直率，很不中听：你不过是清朝的老寡妇而已，还这么奢侈浪费的做什么？打扮得妖妖艳艳的，会给人家落了话柄……一通唠叨，就连慈禧太后也怕了她，每次荣寿公主来见，慈禧就挑一件相对朴实的衣服穿上，妆更是不敢化得太浓太过分，珠宝首饰也戴得简简单单。宫中人都说，大公主简直就像是慈禧太后的老妈。

又一次，慈禧太后偷偷做了一件极其华丽的袍子，是江南的工匠用织锦精工做成，花费了不少的银两。慈禧太后嘱咐身边的人，千万不要让大公主知道，而这件事情还是被大公主知道了，见到慈禧太后后便开始不开心地嘟囔起来：难道我对您老人家不好吗？我天天都想着母亲您喜欢什么，喜欢穿什么，喜欢用什么，喜欢吃什么，然后叫人去办来。可母亲您可倒好，居然偷偷做了一件衣服来穿，这如果叫人知道，那把我们娘俩当成什么人了？一通唠叨，慈禧太后赶忙转移话题，跟左右的人乱说一气。大公主走后，慈禧太后便开始埋怨起了左右的人，一定是有人去告诉大公主了，不然她怎么会知道？害得我受了她的一通抢白！都怪你们，多嘴多舌的！

其实，年轻时候的荣寿公主并不是这样稳当的，她骄横跋扈、仗势欺人，她暴戾性格更是让所有人都害怕。道光、咸丰年间的大学士柏俊之孙崇彝所著的《道咸以来朝野杂记》中，对固伦荣寿公主的作风就有详细的记载。说公主出行的时候是大排仪仗，所有人都得回避，马车停下来让路，骑马的都跑到街巷里躲避。有一次荣寿公主和锡尚书的车队恰好相遇，尚书的顶马一下没有控制住，不小心冒犯了公主的车队，公主便将其车夫等关押，使其无法前行。后来经过协调，锡尚书在公主轿前叩头请罪，他才被放行。

荣寿公主就是这样狂妄放肆，令朝野侧目，达官显贵们对她都有所畏惧，世人更是退避三舍。但随着年龄的增长，大公主的脾气越来越好，越来越"广结善缘"。

努力调和光绪与慈禧的矛盾

荣寿公主有件事情做得很顾全大局，那就是她与载湉（光绪帝）的关系相处得极为融洽。据说，在载湉继位之后，恭亲王一家对他很是妒忌，但荣寿公主却识大体，懂得顾全大局，与载湉相处得很好。就在慈禧晚年的时候，荣寿公主更是没少调和慈禧太后和光绪帝之间的矛盾。

载湉虽然是被慈禧太后立为皇帝，但慈禧太后却非常不喜欢他。光绪帝文弱害羞而胸有大志，他支持变法，而这更是让慈禧太后大怒，几次都欲将他置于死地。大公主常常对人说，皇帝很可怜，五岁的时候就入宫了，再也见不到亲娘，咱们应该多多辅助他才对。

虽然大公主对光绪帝"一片真心"，但光绪帝很清楚荣寿公主是慈禧太后的心腹，所以不敢过于接近。

荣寿公主私下对光绪帝的怜悯和照顾确实是大家有目共睹的。光绪帝变法失败之后的处境十分危险，据说，当时按照慈禧太后的意思，不如传旨，根据祖训，在乾清门前废掉光绪帝，乱棒打死。珍妃听说此事后。因为替光绪求了情，也即将被慈禧太后赐死。而此时的大公主正在去热河省亲（省亲是归家探望父母的礼俗。结婚后，女方要回家看望其父母就叫省亲）的路上，慈禧太后正好趁着大公主不在宫中的这个时候处置光绪帝。有人探得了这个消息，将此事报告给了大公主。本来最稳得住的大公主瞬间焦急万分，连夜赶到西苑，跪求慈禧太后息怒，这样，光绪帝才得以暂保帝位和性命，被软禁在瀛台，珍妃也没有被赐死。这件事后，慈禧太后觉着大公主来得这样快，肯定是有人告了密，为此还追查了一气。

其实，受到大公主暗中照顾最多的是光绪帝宠爱的珍妃。珍妃长得明艳妩媚，很出众，因为很多原因，珍妃和慈禧太后有着很深的矛盾，除了光绪帝，没有人敢对珍妃好，只有大公主暗中关照她。而珍妃也经常向大公主哭诉，说万一有什么大变故，请大公主一定要相救。

八国联军攻入京城的时候，慈禧带着光绪仓皇西逃，临走的时候命太监将珍妃推入故宫的井中，而此时的大公主早已出宫避难，慈禧也算是趁着这个大公主不在的时候将珍妃弄死。大公主回到公主的时候得知珍妃已死，她非常难过，经常对人说："我对不起珍儿"。

治办丧事

关于光绪帝和慈禧太后的丧事，也是多亏了大公主的操办。

光绪帝驾崩后，慈禧太后也随之去世，两人前后只差了一天的时间。大公主闻讯后哭着去吊唁，而看到当时的景象，她悲伤的同时，更是差点被气昏了头，大公主平生都没发过这么大的脾气。

只见还未装殓的光绪帝和慈禧太后两个人的尸体一左一右停在床板上，床板前各有两支蜡烛——也只有那么两支蜡烛鬼火一样闪着。而屋内竟然没有一个人，那些忙着立嗣的王公大臣们都早已不知跑向何处了，太监们一通慌乱地瞎忙，不知道丧葬礼仪，又没有个主心骨，不知道该听谁的好，该忙些什么好。

气愤的大公主找来管事的太监，训斥道："你们这些人简直没有体统！皇帝太后死了，连一个人手都找不到！今天的事情，如果我不出面，还有谁能出面呢？"说完，大公主立即驱车去找溥仪的父亲，一进门便勃然大怒、高声呵责道："今天你大喜了！你儿子做皇帝了！你做摄政王了！两宫太后对你不好吗？现在帝后死了，大丧在即，你倒很悠闲淡漠，在家也坐得住！"摄政王见此情景很害怕，赶紧召集王公大臣们商议筹办光绪帝和慈禧的丧事，待人手稍稍齐了些，大公主就开始布置任务，调动人员，安排起各种礼仪明，一直到光绪帝和慈禧太后下葬，宫内都是井然有序的。

不谙世事的皇后不如何处理，摄政王散淡撒手不管，小皇帝只有三岁更是什么都指望不上。朝中的大臣、太监们又是各怀心思，如若不是大公主出面这样利素地安排了一切，这场丧礼简直就是乱七八糟的不成样子。

满清妇女第一流

荣寿公主不仅在宫中有极好的口碑，就连王国公使的夫人都对其称赞连连，更是说她是满清妇女中第一流的人物：有德行、有威仪、有修养，善于言词、应酬、书画，沉静、不张扬。可惜荣寿公主并没有念过什么书，如果她能像德龄公主那样到国外游历一下，看看天下的大势，真是不知道会变成怎样出类拔萃的人物。

其实，大公主是懂一些外语的，眼界也丝毫不狭窄，尽力去了解世界。德龄公主很小的时候开始便随着父亲在国外生活，回国后被慈禧太后留在清宫里住了两年。清宫中繁琐要命的礼仪让德龄摸不着头脑，慈禧太后的脾气也更是摸不透，这样一来，大公主便少不了要教她，教她怎样行走坐卧，教她怎样跟慈禧说话。这样一来，德龄和大公主的关系也亲近了很多，不仅做慈禧太后的外文翻译，也做起了大公主的外文老师。当时的大公主已经年龄不小了，还在努力学习外语，虽然水平当然不如德龄，不过用来跟国外公使的夫人做日常礼仪式的交际，还是绰绰有余的。

威严不减当年

清帝逊位，民国建立之后，荣寿公主仍健在。大公主深居简出，但并未在社交场合消失。尤其是在清朝遗老的心中，她还是大公主，地位没有丝毫改变。

在《康乾遗俗轶事饰物考》一书中，记载了这样一件事情。

民国初年，蒙古科尔沁亲王贡桑诺尔布王的福晋爱新觉罗氏做四十正寿，在什刹海会贤堂饭店设宴，各满蒙汉王公、贝勒、贝子大臣云集，民国达官显宦毕至，排场浩大，盛况空前。

下午三时，王府长吏向贡王爷禀告："大公主前引已离此不远。"贡王爷急急整衣整冠，前往会贤堂大门躬亲迎迓。贡王福晋在二道门内院中侍立。满蒙汉王公贵族排班侍立于戏台院中。

约有一小时左右，贡王福晋命长史传膳。当时四佣人抬上金漆桌面一具，上面摆着全席：燕窝、鱼翅、银耳、海参等等。椅旁设有两墩，上面各列烧豚、烧鸭一具。开始请大公主用膳。大公主独坐方桌，贡王福晋及特请清室近支王福晋、夫人四位协助侍候、敬酒、布菜。大公主仅稍饮一口寿酒，贡王福晋奉陪。大公主微尝主菜，用调羹饮了口鸭汤。红封已上，当即搀扶净手，仍坐原位，稍食槟榔、豆蔻。

约五时左右，大公主欠身，贡王福晋体意示将回府。即命长史传外厢，声称大公主起驾回府。全堂全院，当即肃立恭送。贡王福晋搀扶大公主缓步慢行，向宾客、主人行注目礼表示谢意。众宾客、主人皆垂手侍立，肃静异常。

当时已入民国，固伦荣寿公主行止尚且如此尊严，余威可想而知。

据说满清倒台后，不少生活无着的人去投奔大公主。她仁厚和蔼，拿出一些本钱开银庄做生意，收留和帮扶了不少人。

民国时期，荣寿公主依然享有皇室家族无上的身份。晚年，她"禀性淡泊，素服终身"，1924年，中国历史上最后一位公主的宿命终于落入尘埃，终年71岁。

那王府——蒙古亲王的王府

基本概况

1. 地理位置

那王府位于北京东城区安定门。

2. 王府主人

是蒙古和硕亲王那彦图的王府。

3. 建筑特点

那王府坐北朝南，府门内有一座木质影壁，院内有 3 间南房，3 间西厢房，5 间北房。府门外对面一座影壁，两侧设有石狮、灯柱、拴马桩及辖禾木（用以阻拦行人的木架）。

4. 府名来历

那王府的第一任主人策凌，因有"超勇"赐号，所以称"超勇亲王府"，又因最后一代亲王那彦图，后世人又称之为"那王府"。

让人动容的爱情

了解一座王府，自然离不开在那里生活过的主人们，而这座属于蒙古亲王王府的第一任主人则是清代前期蒙古族的一位重要将领——策凌。

策凌是成吉思汗的后代，在很小的时候他便随着祖母来到北京城，并开始长住。他在大清朝对征战中英勇善战，为康乾盛世立下汗马功劳，被赐号"超勇亲王"，同时，这位超勇亲王与康熙帝的第十个女儿固伦纯悫公主还有一段让人动容的爱情故事。

固伦纯悫公主在 22 岁时被封为和硕纯悫公主，也就是在那一年的九月初三，她嫁给了与公主青梅竹马的策凌。虽然策凌与其相伴的时光只有短暂的四年，但就是这短短的四年时光，她却得到了很多公主都没有得到的幸福。那么，固伦纯悫公主与策凌是怎样相识的呢？

当时策凌刚刚与祖母来到北京城，祖母带他进到宫中觐见康熙帝的时候，深深打动他的不仅仅是康熙帝的英武与威严，还有怯生生地躲在乳母身后那个与他年纪相仿的女孩子——纯悫公主。娇羞的小公主用充满好奇的眼神望着这位来自广袤草原的骄子，一霎时的目光接触，擦出一段一生不悔的爱情火花。

"一见钟情"这样的情感经历使得策凌与纯悫公主之间打下了坚实的感情基础，从年少的懵懂到爱情的开花结果，策凌用一生的时间去怀念爱妻，涓涓细流，绵延流长。

虽然策凌与纯悫公主是两小无猜，可到了谈婚论嫁年龄的时候，策凌却没有如心所愿地迎娶了纯悫公主，纯悫公主因为疾病的无情困扰，常年患病的身体让她没办法去适应一段婚姻的生活，而随着年纪的增长，婚事已经不能再拖的策凌，迎娶了他的第一任妻子，但此女子是正室还是妾室，我们并不知道。

不过很快，此女子便因为难产而去世，留给策凌的是两个年幼的儿子。

重新回到单身境地的策凌和逐渐身体康复的纯悫公主，就这样，终于如愿地走到了一起。经历重重波折，有情人终成眷属。

然而，幸福的时刻却总是短暂的，婚后丈夫长期在外征战是纯悫公主所面临的困境，夫妻的分离，深深思念不在身边的丈夫，对于身体柔弱多病的纯悫公主来说可谓是一种沉重的负担。可这种负担虽然辛苦，相思却也甜蜜。

每天傍晚时分，纯悫公主都会坐在窗前去伸手接一片飘落下来的枫叶，轻轻用笔在上面记下对丈夫策凌的思念之情，然后让叶子随风而去，让风将思念带到草原、带到大漠，让风将其带到心爱的夫君策凌身边。

一次又一次的分别挂念，一天又一天的枫叶思念，就这样，纯悫公主与策凌的感情日益深厚起来。

一年后，策凌与纯悫公主收获了爱情的果实——儿子成衮扎布出世。

儿子的出世为这个幸福的小家庭更是带来了无限的欢声笑语，然而欢声笑语的背后，却是纯悫公主那因为生育而日渐虚弱的身体。

看着日益消瘦的妻子，策凌痛心万分。这位信奉佛教的内蒙古王子曾无数次地在佛祖面前虔诚祈祷，祈祷妻子可以早日康复，祈祷妻子未来的健康，哪怕用自己的寿命作为交换的筹码。

可是造化弄人，最终，策凌最不想看到的结果还是到来了，尽管他的悉心照料，尽管他的虔诚祈祷，纯悫公主年轻的生命还是没有被挽回，婚后第四年，年仅25岁的纯悫公主就这样在病痛中结束了她短暂的一生，留下的，是年幼的儿子和悲痛欲绝的丈夫策凌。

心碎的策凌，在爱妻离开后却并没有倒下，他因爱而生，但却不可以因爱而死。因为他肩上还有效忠祖国的责任，以及对幼子的抚养——这也是爱妻在临终前对他的最后嘱托。

策凌重新振作起来，却依旧心如刀绞，毕竟与爱妻在一起才短短四年的时间，埋怨命运的不公，抱怨上天的无情，一阵怨天尤人之后，策凌平静下来，虽然只有短短四年，但毕竟拥有过、幸福过，值得用一生去怀念这份爱。

在接下来的人生里，策凌奋勇向前，不断实现着自己年幼时的宏伟梦想，充分发挥着自己卓越的军事才能。《清史稿》中有这样一段话评价策凌："终清之世，为主婿者，前有何和礼，后有策凌，贤而有功，斯为最著。"由此可见策凌的一生卓著功勋，策凌是仅有的几个得到配飨太庙的蒙古王公。几十年间，策凌从贝子到贝勒，到郡王，到亲王，再到超勇亲王，然而，无论是盖世的功勋还是无上的荣耀，都没有能冲淡策凌对于妻子深深的怀念。

在策凌身上，曾经有这样两段插曲，一次，在与噶尔丹的较量中，策凌与第一任妻子所生的两个儿子被敌人掠去，两个儿子劝父投降，但策凌却说出了最著名的那句话："公主所出，乃为予子，他子无与也。"大概意思就是"除了与纯悫公主所生的儿子以外，我谁都不认。"（语出《清实录·策凌、成衮扎布列传》），当然，这句话除了策凌对纯悫公主深刻的眷恋之外，固然有策凌面对强敌坚贞不屈和忠于朝廷的因素。

纯悫公主死后被葬在北京近郊，曾有人问过策凌，为什么不回到喀尔喀部族，策凌答："我主居北，予随主居。"这自然是一个十分堂皇的理由，但其中却掺杂其不愿远离爱情的浓浓深情。

策凌的赫赫战功除了在政治上的成功之外，对于爱妻，也带给了他一丝苦涩的安慰。雍正十年（1732），因为策凌军功卓越，妻子被追赠为固伦纯悫公主，这在策凌心中是对妻子所作的最后的努力。

策凌用与爱妻在一起四年时光的幸福支撑了自己以后的峥嵘岁月，为他所效忠的大清皇朝耗尽了最后一滴心血。

策凌死后，按照其遗愿，要与爱妻葬在一起，纯悫公主墓被缓缓开启，而策凌，也终于在完成了人生赋予他的所有使命之后可以心无牵挂地永远与爱妻在厮守在一起。

王府里的丑闻

那王府的第一任主人策凌算是为老祖宗增添了风光，而同样住在王府里的那颜图却不像他的爷爷那么风光，而是在历史的舞台上扮演起了极不光彩的角色，真真假假的丑闻更是一波未平一波又起，而最典型的一则便是被《京华日报》所揭露的"活埋小妾"。

被活埋的小妾是那彦图的三姨太，名字叫作锦屏，满洲旗人。一次偶然的相遇，那彦图被聪明美丽的锦屏所吸引，将她买来后更是备加宠爱。而恃宠而骄的锦屏借由那彦图的宠爱，常常对身边的下人怒言辱骂，甚至有时还要和四姨太动手。

这年夏天，锦屏又不知为什么事而发了脾气，与那彦图争吵起来，还要动手。这可把那彦图气坏了，叫来了长史常双德，大声说道："你把她给我活埋了，你要是不听，你就不是常姓的后代！"说完，那彦图便随即去颐和园上朝了。

平时被锦屏常常斥责的常双德对锦屏也是心存怨恨，便将其推进书房用绳子捆绑起来。后命更夫在花园挖了一个坑，将锦屏裹上棉被推进坑中，将其活埋。

好事不出门，坏事传千里，事情发生不久，那彦图活埋小妾的事情便被《京华日报》揭露，惊慌的那彦图想掩盖事实的真相，提出为《京华日报》赞助巨额的广告费但被拒绝。随后这件事又传到了西太后的耳朵里，西太后便向那彦图问及此事，惊恐万分的那彦图连忙低头不敢置答，庆幸庆亲王的女儿四格格正在太后身边随侍，对西太后说，那女人生性癫疯，总是对人破口大骂，谁也制服不了，把她活埋，后院才得以安宁。西太后听过此番言论便不再往下追问。

虽然虚惊一场，但惊慌的那彦图回到府中还是马上命人将锦屏的尸体挖出，补办了丧事，并将其埋葬在东直门外大程庄。

雍亲王府——龙潜福地

基本概况

1. 地理位置

位于北京市区东北角

2. 演变过程

雍亲王胤禛的府邸，称雍亲王府。雍正继位三年后，改王府为行宫，称雍和宫。后雍和宫又被改为喇嘛庙，是清朝中后期全国规格最高的一座佛教寺院。

雍和宫内"大黑熊"的故事

在雍和宫法轮殿的东配殿内，陈列着两个巨大的黑熊模型。据说这是乾隆皇帝在位第十九年时，去吉林额林加木围场打猎，用弓箭和火枪射获的。两只黑熊一只重 900 斤，一只重千余斤，乾隆特制造两只黑熊模型放在这里，耀武扬威。在民间，这两只巨大的黑熊模型却有着不一样的传说故事。

北京东四街道有一条"弓匠营胡同"，里面住的都是弓匠，其中有一个老弓匠，姓钮祜禄氏，名常富贵，家里排行老二，每月拿二两八钱饷银，是个一人吃饱全家不饿的单身汉，因此，人称其为富二爷。

富二爷结过婚，而且妻子还为其怀过一个孩子。可过去的女人生孩子就如同闯鬼门关，过去了，就儿孙满堂，过不去，便长留地府。富二爷的妻子就没有闯过那道鬼门关，因难产而母子双亡，撒手人寰，撇下了富二爷自己留在人世。妻子去世后，富二爷便没再娶过，刚四十多岁就自己一个人过日子。旁人看似孤单，他倒活得自在。富二爷有每天练功的习惯，这使得他有一身的好武艺，尤其是拉硬功射箭，箭法精准不说，其力量也是非凡地大，一箭就能把他们家的街门射穿。

话说有这么一年，富二爷在虎枪营当差，因为朝廷此次要求必须要有能拉硬功的人当护卫，这样一来，富二爷便有了一次随伺乾隆爷去吉林围场行围狩猎的资格。就是这次机会，竟成为了富二爷命运转折的好机会。

在行围狩猎最后的合围时，一只大狗熊被围在其中，乾隆皇帝曾在 12 岁的时候用火枪击倒过熊，而且深得祖父康熙的赏识，所以这次打猎遇到熊并不算什么大事儿。可这次却不同，已经年过 40 的乾隆仍是争强好胜，本来只是在"看城"中休息，一见有大熊便非要亲射不可，并且不让士兵持火枪，一律骑马射箭。乾隆帝更是一马当先地冲在前面，在距离狗熊十丈远的时候射出一箭，大狗熊应声倒下，随之是众人齐呼的"万岁"，都想上前捆绑狗熊并邀功，没想到，狗熊受了伤却还能重新站起，而且力大无比，接连打倒下了几个近前侍卫，摇摇晃晃向乾隆奔来，不知所措的侍卫们，眼看熊就要伤及天子，一支利箭直穿狗熊喉咙，狗熊当场毙命，倒地不动。

为皇帝化险为夷，乾隆帝大喜，寻找射箭之人，而射箭之人不是别人，正是神弓富二爷。乾隆将富二爷叫到身边，勉励了一番。想到自己 12 岁的时候火枪击熊，也是狗熊负伤倒地后再起，是祖父举起火枪将狗熊毙命，这次又是同样的情形，而且是一名钮祜禄氏的工匠，与自己的父母同姓，且与自己年龄相仿，这使乾隆十分感慨，于是顺手把手上射箭用的翡翠扳指摘了下来赏给了富二爷。回京之后，乾隆又命户部赏银千两给富二爷，还封了官儿，世袭，还为其修了房屋。一时间，平日不见官员的工匠营胡同就这样热闹了起来，而富二爷的住处更是天天有人鸣锣送礼地前来拜访。

前文已经介绍，富二爷原本是个老光棍儿，哪里来人接替他的世袭官职？哪里来人接替他留下的家财？

在清朝有这样一个习俗——"过枝子"，就是同族人可以将自己的儿子过继给无后的人作为干儿子，如果本人健在，也可以认作一个"义子"。富二爷的官职，皇帝赏赐的家财，尤其是那个乾隆亲自赏赐的那个翡翠扳指，简直就是无价之宝，价值连城。于是，很多人便打起了继承富二爷财产了主意。纽祜禄氏是满洲八大姓之一，在这个家族里也曾出现过好几位皇帝，六部之中均有此姓氏的当官之人。自从富二爷在围场护驾之后，家里每一天都有六部的大员来攀亲戚，还不到十天的时间，就已经有九个六品以上的大员要认富二爷为义父。而每收一名义子便要摆宴一次，热闹一整天，平日滴酒不沾的富二爷每天喝得酩酊大醉。每天被这么多的大官围着转，而且一围就是十天，富二爷哪受得了这阵势！

第十一天，正好是重阳节，富二爷收下的九个义子齐来拜寿，更是轮番敬酒，不胜酒力的富二爷很快便醉了，而这一醉，就没再醒过来……受了乾隆爷的封赏，本是好事儿，可这么一折腾，乐极生悲，才过 40 岁的富二爷就这样被折腾死了。

富二爷就这么死了，可他的世袭爵位谁来继承？皇帝御赐的扳指该留给谁？家产如何分配？九个"儿子"是各说各词。先认富二爷为干爹的人主张按着认义父的先后顺序论亲近，家谱里血缘关系和富二爷稍微亲近的又想凭借血缘关系攀亲论辈，官职高的想按官职大小分财产，而还有人主张一起均分财产。各有各说法，各有各想法。

按照满族的习惯，皇帝继位都是在皇子中选出最优秀的继承皇位，其他世袭的职位也不必非得是长子继承，出殡时给王者打幡（打幡：指送葬时，由死者的长子或者最亲近的人打起招魂的旗帜，走在最前面)、摔盆的人才是最公认的继承人。所以，谁来打幡？谁来摔盆？九个"儿子"都在争这个名分，居然为此还闹上了顺天府大堂。

这件事情轰动了九城，惊动了朝廷，乾隆帝听了之后龙颜大怒——为了一个扳指，九位朝廷官员居然不顾脸面的去争着给一个弓匠当"孝子"，朝廷尊严何在？吾皇颜面何存？乾隆帝立即下旨，派贝子玉善去严查此事，并当场法办——将九位"孝子"全部免职流放到黑龙江。可还没过几天，被流放的人便又偷偷回到了京城，传言是玉善受了贿赂，放了"口子"，而玉善这面却一口咬定此事无中生有。因为玉善是宗室，派一般吏部官员去审他，根本拿他没有办法。这个消息又传到了皇帝的耳朵里，又一次引来了龙颜大怒。乾隆帝决定亲自审理此事，并特意把玉善传到屋中，只留他和玉善两个人，小声对他说："你和我都是太祖的后人，你说实话，我赦免你无罪。"玉善一听此话，又想君无戏言，而且如果自己不说实话，又会是欺君之罪，于是便如实说了回皇上，国舅爷给了我一百两金子，让我放他的侄儿一条生路，罪臣实在不敢得罪国舅爷，所以只好照办。"

说了此番话，玉善本以为会得到乾隆帝的宽恕，没想到乾隆帝当场就翻了脸，使劲儿一拍桌子，大声喝道："难道你就不怕得罪朕么？"随即便叫人把玉善押进了宗人府去审办。

玉善被侍卫押进宗人府后，被革职且削去宗室籍，与逃回京的那位后足大员一同被流放黑龙江。而至于富二爷的丧事，由佐领承办，所赐予富二爷的那个扳指就这样又回到了乾隆帝的手中。摸着手上的扳指，一年比一年老的乾隆越发感慨。于是下旨将黑熊制成模型陈列在雍和宫内，一是为了纪念12岁时随祖父康熙外出打猎狩获了一只大熊，二来是表明自己反腐的决心，因狩猎狗熊而引发出的"九卿吊弓匠"的丑闻，实在是让人感叹。

雍正死因之谜

雍亲王府的主人，爱新觉罗·胤禛，即雍正皇帝，他登基十三年后在圆明园突然去世。

正是因为他的突然去世，而且历史资料也没有记载因什么原因去世，所以他的死因便成了谜，于是众说纷纭。那么关于他的死因，都有哪些传言呢？

第一种，被吕四娘谋刺而死

关于雍正之死的第一种传言是被吕四娘谋刺而死。相传，这个吕四娘是吕留良之女（也有说是吕留良的孙女），当年，吕留良因文字狱被死后戮尸，吕氏满门获罪，或被处死，或被遣戍。唯有吕留良之女吕四娘携母及一仆出逃，潜藏民间，隐姓埋名。

一直心存复仇之心的吕四娘开始拜师习武，而其所拜的师傅正是雍正原来的剑客，吕四娘勤学苦练，尤其擅长剑术。终有一日学有所成，乔装改扮，混入深宫，于某日，乘机砍掉了雍正的脑袋。

传说，埋在泰陵地宫中的雍正是没有头的，为了求个全尸，下葬时只好铸了颗金头代替。

学者认为，吕留良之案，吕氏一门，男女老幼，都已经被严禁，就连吕留良父子坟墓都被加以监视，吕女绝不可能逃脱。所以，关于吕四娘行刺雍正的传说，实属子虚乌有。

第二种，被宫女缢死

相传，雍正在位的第九年，宫女伙同太监吴首义、霍成，伺胤禛睡熟，用绳子将其缢杀，就在即将气绝身亡的时候，被救活。

这个传闻倒是真的，不过却不是发生在雍正的身上，而是发生在明世宗嘉靖皇帝身上的一则真实故事。

宫女杨金英等伺候明世宗嘉靖睡熟，然后用布帛勒紧嘉靖帝的脖子，并以为是死结，嘉靖帝不会有生还的可能。却不想，同伙的张宫女却因为害怕而偷偷将这件事情告诉给了皇后，皇后赶到后，揭开布帛，并立马召太医急救，一番抢救后，嘉靖帝方才捡回一条命。这件事后，杨金英等人被磔死（磔：古代的一种酷刑，把肢体分裂）。

雍正帝与嘉靖帝的庙号都是"世宗"，显然，清世宗雍正这个被宫女缢杀的故事完全是明世宗嘉靖被宫女勒缢故事的讹传。所以，关于雍正被宫女缢勒的传说，实属移花接木，张冠李戴。

第三种，被曹雪芹和竺香玉合谋毒死

第三种传言更是离谱——被曹雪芹和竺香玉合谋毒死。《红楼梦》的作者曹雪芹有个恋人叫竺香玉，是林黛玉的化身。后来竺香玉被雍正霸占为皇后。曹雪芹因思念恋人，便找了一个差事混进宫中，并与竺香玉合谋，用丹药将雍正毒死。

然而，雍正皇帝生前只有一位皇后——孝敬宪皇后。孝敬宪皇后姓乌喇那拉氏，是内大臣费扬古的女儿，早在雍正皇帝为皇子的时候，乌喇那拉氏便被康熙皇帝册封为嫡福晋。雍正的几个妃子中，没有一个是姓竺的。

第四种，服丹药中毒而死

最后一种传言最为普遍，也最符合事实的逻辑。话说雍正得了一场大病，下颏偶有些微疙瘩，说不清楚是什么病。雍正向心腹密臣发出谕旨，要其推荐好医生、道士。后来一个叫作贾士芳的道士被李卫密荐，到京来为雍正看病。后他却被处死。

雍正对道士、丹药感兴趣，特为紫阳道人重建道院，还曾延请道士张太虚、王定乾等到圆明园炼丹，以求吞服长生不老的灵丹妙药。

雍正死后第三天，其子乾隆帝便下令驱逐张太虚等道士，并严谕他们不许透露宫中只言片字。乾隆帝对圆明园中道士的严厉态度，可能同其父食道士烧炼的丹药致死有关。

一些专家认为：雍正服药中毒而死倒也颇合于情理，可要是想下个确定结论，却是难得过硬资料。

和亲王府——荒唐王爷的王府

1. 地理位置

和亲王府位于北京张自忠路东口路北，平安大街原铁狮子胡同东口路北 3 号。

2. 历史事件

一直到清朝末年，和亲王府一共经历了七世八主。民国时期，成为段祺瑞执政府 1926 年这里发生了不可被遗忘的"三·一八"惨案。"七·七"事变之前为宋哲元第二十九军驻北平军部。1937 年，日本驻军华北的总司令部。

荒唐王爷——和亲王

和亲王府的第一任主人是和亲王爱新觉罗·弘昼，雍正帝的第五个儿子。说到这个弘昼，他可是历史上有名的荒唐王爷，这是怎么一回事呢？这还得从雍正帝那些短命的儿子们说起。

雍正帝先后共有十个儿子，却偏偏短命，第六个儿子又过继给了别人，就这样，弘时、弘历、弘昼是雍正帝仅存的三个成年儿子。无奈，弘时偏偏也是个短命鬼，还不满三十岁便死于雍正帝的猜忌重压之下。之后不久，仅剩弘历、弘昼这两根独苗，分别受封宝亲王、和亲王。

众所周知，弘历是才高八斗，富有韬略，弘昼与其却有着实质上的不同。

弘昼这个历史上有名的荒唐王爷，或许是因为老小，也没什么资格同弘历争夺皇位，便纸醉金迷，整日在府里挥霍浪费。乾隆虽看着有些心疼银子，但却也乐得个清静，不但没有责骂，反而还把赡养费给得老高，任由弘昼肆意胡闹。这样一来，弘昼更是变得醉生梦死，居然没事儿就在家里操办起丧事。

弘昼不光不忌讳办丧事，而且每次丧事开始的时候，他便坐在本该放棺材的地方对着满桌的供品胡吃海喝起来。既然是丧事，怎么能不哭？于是他便吩咐下属、丫头、姬妾、老妈子们跪在底下号哭，哭得越起劲弘昼吃得便越欢。

虽然弘昼是历史上著名的荒唐王爷，但也有一些历史学家指出，弘昼之所以这样荒唐至极，其实是为了避免卷入皇位的争夺之战，以"荒唐"为名，将自己的光芒收藏。疯疯癫癫地不露锋芒，大智若愚，也不失为一种生存的手段。

乾隆三十五（1770）年的时候和亲王因病逝世，从而结束了自己"疯疯癫癫"的一生，谥号"恭"。

"三·一八"惨案发生地

1926 年的时候，和亲王府里还曾发生了不可被遗忘的"三·一八"惨案。

1926 年 3 月 16、17 日。国共两党在北京开会，国民党执行委员会代表徐谦和中国共产党北方区委代表李大钊，决定组织各个学校和群众团体在天安门前集会，要求拒绝八国通牒。

3 月 18 日上午 10 时，多个团体与 80 多所学校约 5000 多人在天安门举行了"反对八国最后通牒"的国民大会。一条横幅"北京各界坚决反对八国最后通牒示威大会"，在广场北面临时搭建的主席台上高高挂起，主席台上海悬挂着孙中山先生的遗像和他撰写的"革命尚未成功，同志仍须努力"的条幅。

会议方面，中共北方区委领导李大钊、赵世炎、陈乔年参加了此次大会。大会最终决议："通电全国一致反对八国通牒，驱逐八国公使，废除一切不平等条约，撤退外国军舰，电告国民军为反对帝国主义侵略而战。"

大会结束后，李大钊率领游行队伍按着预定路线游行在段祺瑞执政府门前的广场请愿。群众代表向卫士长交涉，要求开门放行队伍，并要求见段祺瑞和国务院总理贾德耀。段祺瑞不但避而不见，反而命令执政府内的预伏军警用武力驱散游行队伍，并下令开枪。造成47人当场死亡，200多人受伤的惨剧。我们所熟悉的北京学生运动领袖之一，北京女子师范大学学生刘和珍，就是在这场惨案中牺牲，年仅22岁。事后警卫在清理现场时，竟将死者身上的财物全部掠去，甚至剥光死者衣服。

3月19日，世界各地开始谴责这场国务院门口的屠杀，段祺瑞下令抚恤，贾德耀引咎辞职。

敬谨亲王府——"金头王"的府邸

1. 地理位置

西单路口南侧。

2. 王府主人

清太祖第一子褚英之第三子的王府。

3. 王府变迁

光绪年间改为学部，而到了民国时期这里便又成了北洋政府的教育部，一代文豪鲁迅先生还曾在此任职。

"金头王"——敬谨亲王

说到敬谨亲王府，就不得不提及它的主人——"金头王"敬谨亲王的传奇故事。

敬谨亲王是爱新觉罗·尼堪，清太祖努尔哈赤的孙子，十几岁的时候便开始了戎马生涯，一生征战。

顺治七年（1650）的时候，南明将领李定国率兵急速行进至广西全州，广西、湖南很快便相继失守。清政府见此情况，立封尼堪为定远大将军，尼堪临危受命，率兵出征。却不想，就是在这次战争中，尼堪战死于泥淖之中。

尼堪战死泥淖后，还把头丢了，于是他的战马便一直驮着他的尸体跑回京城。顺治帝见此情形决定为尼堪做一个头，最初做了一个锡的，尼堪尸体无动于衷，然后又做了个银的，尼堪的尸体依旧无动于衷，最后顺治帝为其打造了个全金的，随着"咣当"一声，尸体倒地。所以，人们又称敬谨亲王为"金头王"。

民国时期的北洋政府教育部——鲁迅曾任职的地方

敬谨亲王府在光绪年间被改成学部之后，民国时期便成了北洋政府的教育部，也是鲁迅挥洒过 15 年青春的地方。那么，鲁迅为何入职这里，又为何离开呢？下面让我们慢慢了解一下这段已经久已不被人提及的往事。

早在 1906 年的时候，鲁迅先生在日本仙台医学院求学。一天上课时教室里放映了一部幻灯片，一个被说成是俄国侦探的中国人，被一个日本士兵砍头示众，而在周围看热闹的中国人面对这个情景却无动于衷，一脸麻木的神情。看过这部幻灯片，鲁迅受到了很大的刺激，于是决定弃医从文，这是鲁迅在人生道路上的一次重要转折。

辛亥革命之后，临时政府刚刚建立，鲁迅由在日本留学时结识的许寿裳（当时在教育总长蔡元培手下任职）推荐进入教育部。

鲁迅先是赴南京任职，南北议和后政府北迁又随之进京。

初到北京的日子鲁迅干劲十足，在鲁迅在教育部接手的第一个大任务就是主持设计国徽。在与钱稻孙、许寿裳的合作下，任务顺利完成。在担任此项任务期间，鲁迅也被任命为教育部金事（相当于现在的处级），需总统钦定，直接听命于社会教育司司长。

到天津出差考察戏剧，参与京师图书馆、通俗图书馆的建设，筹建历史博物馆，参加读音统一会，促成注音字母的通过，举办儿童艺术展览会，协办专门以上学校成绩展览会……新的生活就这样不断地向鲁迅展露着精彩、忙碌的一面。

在一些日常事务中，鲁迅却并非如鱼得水。

1914 年年初，热河避暑山庄所藏文津阁《四库全书》运抵北京，鲁迅赶赴北大接洽联系，却不料此书为内务部截留，经过多方和长时间的交涉，移《四库全书》入京师图书馆才算告成。然而一波才平一波又起，《四库全书》移入京师图书馆了，可《藏书简明目录》却又被内务部给扣下了，仍"发古物陈列所保存"。这意味着要查阅《四库全书》的人首先要去古物陈列所查看书目，然后再到图书馆按图索骥。

教育部的领导调动频繁，在众多领导中，除了"学问道德亦不待赘言"的蔡总长和与自己交厚的董恂士教育次长两位，鲁迅竟再没有看顺眼的了。另一方面，鲁迅长时间得不到升迁。

仕途上不得志的鲁迅就这样于 1926 年自行离职了，结束了他在教育部 15 年的生活，而在这 15 年期间，除了工作上的事情，还有一些细微的小事可以让我们来了解鲁迅先生。

在北京的前七年半，鲁迅寄住在宣武门外南半截胡同的绍兴县馆，而教育部则位于西单南大街上，平时鲁迅多是以人力车作为代步工具，按时上下班，鲁迅先生是如此的守时，以至于沿路店家看到他的车子经过就像看到定时的自鸣钟一样。

鲁迅先生没有吃早饭的习惯，这个习惯的形成是因为在日本留学的时候常常需要熬夜攻读，以至于第二天常常会很晚才起床，有时甚至已经是临近中午，于是便会早饭中饭一起吃。教育部的这份工作刚好能满足鲁迅先生的作息时间——较晚的上班时间，中午还有午休时间，可以充分地容他晚睡晚起，而且下班的时间更是可以自由支配，实在是令人快哉。

关于午餐，教育部虽然设有饭堂，但饭菜总不能合着鲁迅的胃口，所以每天临近中午的时候鲁迅都会空着肚子在街上四处"游走"，今天吃这家，明天尝那家，还尝试过和同事们一同到饭店包饭，可饭菜的质量却是由好变坏，无奈，这种享受午餐的方式又只好作罢。

午餐时间是有限的，鲁迅又不能走太远的地方去"找食吃"，所以，爱吃糕点的鲁迅有时便以馒头、大饼等方便食品轻松地将一顿午餐打发。

定亲王府——无人再识的亲王府

基本概况

1. 地理位置

定亲王府位于北京市西城区西四南大街缸瓦市。

2. 王府主人

始封王永璜系高宗第一子。

3. 王府范围

南起今羊皮市胡同，北至今颁赏胡同，西起"沙锅居"饭庄一带，东至今九三学社。

永璜——死后封爵的定亲王

定亲王府的原始主人是乾隆帝的长子——定亲王爱新觉罗·永璜。要说到这个永璜，他的特别之处就是死后才被封爵，这是怎么回事呢？这还得从这个皇子短暂的一生开始说起。

乾隆帝在位第十三年的时候，孝贤纯皇后驾崩，20岁的永璜以大阿哥身份迎丧，因为过世的并不是自己的生母，再加上年纪尚小，永璜和永璋很难表现得呼天抢地，号哭流涕。因丧妻而失控的乾隆帝见二人不够伤感，斥责二人不合体统，亦不懂礼节，更暗示二人被取消立储资格。小兄弟二人就这样莫名其妙地丧失了承继大统的资格，心中落寞，永璜更是从此郁郁寡欢，没多久去世了。乾隆帝后悔莫及，后追封他为亲王。就这样，永璜成了死后封爵的定亲王。

王府里的传说

相传，定郡王溥煦买了一个保险柜，却忘记了密码，无法打开，结果好好的保险柜就这样成了废物。义和团运动爆发，定郡王担心这件洋玩意儿成为佐证而危害到自己，便让人将保险柜埋入花园。八国联军侵占北京城，王府中的人都逃到了昌平祖坟去避难，整座王府就这么闲置了，后被法国占领军住用。当时法国军听人说该府花园里埋藏了宝贝，便派人去挖，挖出了定郡王埋下的那个保险柜，却怎么又也打不开，法国军便用炸药炸去炸。"轰"的一声，保险柜被炸开，可一看里面却是一无所有，法国是极其失望。

1928 年时，定亲王府售出，并被拆建，拆的过程中相传发现了很多蛇，这些蛇被抬到了定王府祠堂，很快爬走了。当时报界对此也大肆渲染加以报道。

而如今的定亲王府已经是无人再识，成为了九三学社的一部分，学社院中的古建筑即为定亲王府唯一的遗迹。

端亲王府——懿旨上的一字之差

1. 地理位置

位于平安里西大街东首路北，即原果亲王府。

2. 王府主人

瑞亲王府始王绵忻，清仁宗第四子。

3. 王府变迁

八国联军入侵北京后，瑞亲王府完全被破坏，民国期间，成为了师范学校和工业学校，后改为北大工学院。如今在中国少年儿童活动中心的东北部。今北京七十七中学的校址是王府的马号。在端王府内的东北角的土山上建有"三·一八惨案烈士纪念碑"一座，呈三角柱形。

瑞亲王府为何改为端亲王府？

瑞亲王府始王为清仁宗第四子绵忻，于嘉庆二十四年（1819）受封瑞亲王，而到了他的孙子载漪这里却被封成了端亲王，好端端的瑞亲王府又被称为了端亲王府？这是为什么呢？相传，1893年时，慈禧太后加封载漪为郡王，误将"瑞"字写成了"端"，载漪便也只好将错就错，稀里糊涂地成了端郡王，而瑞亲王府也就成了端亲王府。

私心误国

戊戌变法失败后，还不到30岁的光绪帝被囚禁，而那时的慈禧已六十多岁了，慈禧害怕自己死后光绪掌权，便决心废除光绪帝。可下一任皇帝的人选该选谁呢？当时载漪是慈禧太后的侄女婿，因为这层关系，慈禧很快便看上了他的儿子——溥隽。慈禧太后想废除光绪改立溥隽为皇帝，并准备于1900年元旦举行仪式。但由于各国公使的强烈反对，此事便只好作罢。

后来，反帝爱国的义和团运动兴起，义和团将矛头对准外国侵略者。载漪天真地以为：只要义和团能将外国势力赶出去，他的儿子便可以即皇位。

很快，由英、法、日、俄、德、美、意、奥组成的八国联军，从渤海湾登陆，镇压义和团。慈禧对义和团的态度举棋不定，兵部尚书徐用仪和户部尚书立山等主张"剿"，以免惹恼洋人；载漪和大学士刚毅等王公大臣则主张"抚"，载漪说："义和团都是出万死不顾一生，以赴国家之难的义民。"当然，他是也是有自己的政治目的的——就是让自己的儿子当皇帝。

就在这时，局势发生急剧变化，八国联军攻陷了大沽口。载漪就指使军机章京连文冲伪造了一份列强给清政府的外交照令，并提出四条要求：

一、指明一地由光绪居住。

二、代清政府收取各种钱粮。

三、代清政府掌全国军队。

四、归政给皇帝。

慈禧听了这个消息后，勃然大怒，马上召集御前会议，下诏宣抚国民，向各国侵略军正式"宣战"。不仅如此，为表决心，慈禧还下令将主"剿"的徐用仪、立山、联元等人砍了头。

几日后，慈禧见外国侵略军攻势凶猛，便又后悔了，于是命令驻在各国的外交大臣向各国政府解释："中国即不自量，亦何至与各国同时开衅，并何至恃'乱民'与各国开衅。"以此向外国侵略者求和献媚。

八国联军一举攻入北京，在北京烧杀抢掠。被逼无奈的慈禧只好乔装逃跑，换上了蓝布粗衣，假装成农妇，先逃太原，再逃西安。为讨好洋人，慈禧在逃跑的路上杀了主"抚"的刚毅等人，并不断地让大臣们同洋人讲和。

光绪二十六年（1900）年底，在慈禧不断求和献媚的情况下，外国侵略者提出了"议和大纲"，共十二条，慈禧全部接受，终于重返了京城。载漪因为造假照令获罪，但因为是慈禧的侄女婿，所以没有被杀，被发往边疆，永远监禁。而他一直幻想"继承"王位的儿子溥隽，也被撤去了"大阿哥"的名号。

载漪想让儿子当皇帝想歪了心思，谎报军情，轻启战事，不惜采用各种卑鄙的手段，最后导致了八国联军攻入北京，使清王朝受到了更大的损失。而与慈禧太后相比，载漪不过是小巫见大巫，论谋权，载漪根本不是慈禧太后的对手。

涛贝勒府——从贝勒府到辅仁大学

基本概况

1. 地理位置

北京西城区柳荫街 27 号。

2. 王府主人

原是康熙第十五子愉郡王王允禑居住的愉王府。光绪二十八年
(1902)，醇贤亲王奕譞的第七子载涛过继给钟郡王奕詥为嗣，承袭贝
勒爵，迁居于愉王府，作为贝勒府，称涛贝勒府。

3. 建筑特点

坐北朝南，分中路、东路及西路。中路有四进院落，东路亦有四
进院，后三进院为三合院。西路只有前后 3 排房子，西为戏楼。南为
花园，有长廊、亭、花厅、假山等。

辅仁大学的诞生

涛贝勒府于 1925 年租给罗马教廷天主教会，作为创办公教大学的
校舍，根据《论语》中"以文会友，以友辅仁"之意，1927 年将其更
名为辅仁大学。

1929 年，辅仁大学在涛贝勒府南部的马圈和花园前空地上筹建主
楼，聘请比利时籍的传教士和建筑师格里森担任设计师（也有资料记
载设计师为美国建筑师墨菲，他曾设计燕京大学，被誉为代表近代我
国教会大学建筑的最高艺术成就）。格里森应邀来到北平之后，并没有

匆忙着手设计，而是花了数月时间去研究故宫等古建筑的特色，查寻中国北方各个古典建筑的原始材料。

由于王府南部面积不大，作为一所综合大学的主楼会显得过于局促，设计一栋火柴盒式的高层建筑便可以很好地满足其使用的功能，既能解决其用地狭窄的矛盾，又刚好符合了当时正在世界风行的现代化建筑风格。然而格里森却考虑再三，他认为选址在一片王府之中，南面紧邻故宫、北海，如用现代风格会破坏环境的和谐，所以他决定借助中国传统古典建筑造型的元素来进行自己的设计。他提出："可以从中国皇宫的宫墙、城门和城楼造型中得到某种灵感，可以很好地显示出中国皇宫那种与众不同的特征。"

一番辛苦，一幢以涛贝勒府为基础设计成的主楼，仿佛是一座中国宫殿式的城堡，两层楼围合成的封闭院落，主入口在南边的中间，门楼三层，进门后一座南北向的楼房又将院落划分为两个近似方形的院子。东南西北四角各矗起一座三层的角楼。整座建筑中轴线明确，完全对称，体现了中国皇宫庄重森严的气势。主入口有两层的汉白玉圆形拱门，上有精美石雕，第三层是挑出的抱厦，屋顶覆以绿色琉璃瓦。在主楼正立面上，还使用了许多中国古典建筑的细部做法，如汉白玉的须弥座、红色雕花的木制窗框、大门墩柱上蹲伏的石狮等等，构成中国宫殿的缩影。

直至今日，辅仁大学主楼还保存得十分完好，透过围在整幢建筑外面那扇装有中国石狮造型的镂空铁栏杆，仍可感到当年设计师的用心良苦和做工的精致。许多大型建筑辞书，都将其列为中国近代名建筑。

辅仁大学的终身校长——陈垣

说到这个由涛贝勒府"变身"而来的辅仁大学，我们就不能不提到该校的老校长——陈垣。

陈垣是我国当代著名的历史学家、教育家，从 1927 年开始担任辅仁大学校长，直至 1952 年院校调整，辅仁大学合并到北京师范大学，陈垣继续担任北师大校长，直至逝世。可以说，陈垣是辅仁大学的终身校长，也是我国担任大学校长时间最长的学者。

陈垣先生的故居就在定阜街南面的兴华胡同 13 号，是一座普通的两进四合院，后院北房中有间"励耘书屋"，是陈垣先生的小书屋，就在这间简朴的小书屋中，陈垣先生对世界三大宗教都有深入研究，是我国宗教研究的开创者。严谨精勤的治学态度，对辅仁大学和北京师范大学的校风、学风都有深远影响。下面，就让我们讲几则陈垣校长的事迹吧。

善用贤才

陈垣校长是一位善用贤才的人，1933 年，一位受过古典诗文训练、学过一些经史辞章的中学生经别人介绍来找陈校长，希望能在学校里谋个职位以补贴家用。陈校长认真审阅了他的文章，认为写作甚佳，于是将他安排到辅仁男中做国文教员。两年后，有人认为他学历不够，将他解聘了。但陈校长根据他的实际水平，将他安排到大学里教国文。这位中学生，就是后来我国著名的文字学家、书法大师启功。20 世纪 90 年代，他在香港拍卖了 100 幅书法精品和 10 幅绘画作品，将全部所得以老校长书斋的名字在北师大创立"励耘奖学助学基金"，用于奖励那些在教育、教学领域作出贡献的师生，也借以表达自己对恩师的感谢与思念。将"励耘"精神在北师大发扬光大。

注重中国传统文化的宣传

陈垣校长不仅善用贤才，而且还非常注重中国传统文化的宣传。在民国的时候，溥伟兄弟将王府抵押给西什库教堂。到了1932年便由产权归属者的辅仁大学代还押款。

由于辅仁大学是教会所办，所以神职人员很多，陈垣十分注重中国传统文化的宣传。每当春暖花开的季节，陈垣采用传统文人饮酒作赋的形式举行诗会，并邀请青年神父们参加，让他们接受中国传统文化的熏陶，感受中国传统文化的美丽。有一次，陈垣先生受到一位华籍大主教的指责。一向儒雅的他这次却毫不示弱，与主教拍案力争，成为轰动全校的重大事件。由此可见，陈垣先生对中国传统文化的喜爱。

关于涛贝勒府的传说

如今的涛贝勒府虽然已经成为了北京市第十三中学，但曾经的传说却依然蒙着一层神秘色彩。其中有一则传说是老百姓们最常聊起的。

故事发生在大约一百多年前，那时清朝皇帝光绪帝载湉刚刚登基不久。某个平凡的清晨，沉睡了一整夜的城市从黑夜中苏醒过来，随着天色由黄转银蓝色，鼓楼前的大街也逐渐被各个商铺以一种特别的色彩所填充饱满：骡子拉着车在大街上行驶，包着铁皮的车轱辘在石地板上轧出独有的旋律，卖热茶、豆腐脑的小贩们早已挑着担子活动在街头巷尾，修理的铺子、卖花的妇女、卖菜的小贩，甚至行乞的乞丐，每个人都吆喝着自己的生活，混在一起的吆喝声，为这个晨光刚刚洒进的大街增添了一笔独有的色彩。

就在钟鼓楼西南面的不远处，是有名的什刹海——其实就是一汪浅水湖。据说是因为沿"海"有许多的寺庙庵堂，所以得"什刹海"之名。什刹海一半种荷花，一半辟为稻田。什刹海又分为"前海"和"后海"，在二"海"之间，有一石头砌成的小桥，因形得名"银锭桥"，在银锭桥畔，有一户专门卖豆汁儿的小户人家。

老北京豆汁儿，并非豆浆，是北京城的一种传统食品，有老北京的特色。

豆汁儿是将绿豆用水浸发后，磨成原汁，等其发酵，分解出一种可供制作粉丝的淀粉，再滤出"黑粉子"和"麻豆腐"，最后所剩的一种浊液，便是豆汁，味道酸涩，未曾饮用的人，往往小啜一口便不禁作呕，尤其是南方迁入北京的居民。然而这种东西却是深受老北京人的喜爱，从很大程度上来说，北京人喝豆汁儿是一种文化，即便是百年后的今天，豆汁儿依旧是老北京人眼中价廉物美的热饮，许多人简直是嗜之入迷，甚至许多侨居国外多年的北京人，尝遍世界佳肴，可一旦回到北京，提出的众多愿望中，一定会有一条是："喝上一晚热豆汁儿。"

转回当年银锭桥畔的那家卖豆汁儿的小户人家，经营者是一对年过半百的夫妇，为人老实忠厚，所卖的豆汁儿在当地口碑极好。他们卖的豆汁不仅发得好、漂得净、质量醇正，而且还经营有方，为顾客们想得极为周到。有一位家道已然没落的旗人老太太，为了节省些铜板，她到了店铺并不是买那些热好的熟豆汁，而是买下生豆汁，用陶钵装回家熬熟了再喝。店主夫妇对她不仅毫不怠慢，而且笑脸相迎，一视同仁。

北京人喝热豆汁儿讲究吃这么几种东西：咸菜、焦圈、烧饼。这家店铺的咸菜更是色、香、味俱全，咸菜丝不仅从在味道上分为辣与不辣，在咸菜的外形上也是有宽条与窄条两种，他们还供应一种咸菜，将苤蓝切成的骰子块，浇上辣椒油，夏天还用冰镇，随要随取，深得食客喜欢。焦圈也是炸得火候正好，金红脆薄，夹在层次分明、芝麻仁盖面的芝麻酱烧饼中，边喝热豆汁儿边享受此美味佳肴，对嗜好者来说，实在是美味至极。

然而就是这对忠厚老实的豆汁儿夫妇却惨遭不幸。

老夫妇有一独生女儿，年方二八，按当时的审美标准衡量，长得是十分美丽，标准鹅蛋脸，细长的双眼，高高的鼻梁，樱桃小口下巴偏右侧有一颗不大不小的黑痣。老夫妇对此女备加钟爱，既不让她"当垆"（指卖豆汁儿），更舍不得她制作豆汁儿，将其视为掌上明珠，满足其一切要求。

初夏，时值丁香盛开，夕阳落山之际，母亲带着女儿从丰台姥姥家归来，临近什刹海，湖中新张开的绿荷，在晚风中瑟瑟抖动，姑娘站在湖边，系在腰间的汗巾随风摆动，与腰间槟榔香袋相纠缠，样子十分迷人，然而就是在母女俩歇一歇的这段时间，却几乎改变了姑娘的后半生。

母女俩所歇的地方，南边是一片栽满绿荷的湖水，北边隔着一条车道，有一家有名的饭馆——会贤楼。

会贤楼有两层，楼檐下挂着一溜黑地金字的长牌，牌子下垂着红布条儿，大有古人所谓的"青旗在望"的意思。饭馆楼上楼下都是12开间，全部是磨砖对缝的墙体，楼上更是有宽大的绿油栏杆画廊，十分贵气，雅座中的贵客可凭栏眺望，对景品酌。

那一天，会贤楼恰有一佻达男子在二楼凭栏狂饮，透过绿柳垂丝，一眼便望见了再湖畔边休息的姑娘——卖豆汁儿夫妇的女儿。而佻达男子不是别人，相传正是涛贝勒府里的一位贝子。此人好穿青洋绉衣服，随身总是带着一把铁股大折扇，打开超过半圆的扇面上画着一只狂浪的黑蝴蝶，凌驾于一片血珠般的花丛上。两手十指上戴着起码五枚戒指，其中两只为有倒须钩的铁戒指——由此可知其人禀性如何。

而正在湖边心情怡悦地歇息的姑娘万没想到大祸即将临头，那日她她穿一件藕荷色丝单衫，立在晚风当中，衬着碧波绿荷，恰似一朵素雅的出水芙蓉。又怪她偏频频伸出纤指去理那被晚风吹乱的鬓发，整个画面更是显得袅娜多姿、楚楚动人。贝子从楼上望去，顿时心生爱意。

姑娘与母亲回到家中，还不及与父母叙谈，贝子已在一群侍从的簇拥下闯入了姑娘家中。亮明自己的身份，别说是要纳那姑娘为妾，就是强要她进府当个"通房"大丫头，恐怕卖豆汁的夫妇也不得不屈从。

谁料，当姑娘和母亲惊恐万分地回避后，其父不禁丝毫不为所动，而且还严正地说："我们高攀不上。我们夫妇二人，只有这么一个女儿，我们只要能招进个白衣女婿，把这豆汁铺维持下去，就心满意足了。"贝子带着侍从悻悻然而去，然而第二天，惨剧便发生了。

可怜的姑娘还以为侥幸摆脱了贝子的纠缠呢，可是没想到的事发生了。次日清晨，天光透进窗棂，姑娘对着一面当年价格极昂的玻璃镜子——是她家的贵重物品之一，仔细地梳妆打扮，忽然一群豪奴破门而入，原来是贝子府的人，二话不说，架起她就往外拖，姑娘失声哭喊，拼死挣扎，父母亲闻声从滤豆汁的灶房中慌忙跑了过来，拼尽全力扑上去抢救自己的掌上明珠，然而被豪奴一铁尺击中了父亲的头部，可怜的父亲顿时晕倒在地，母亲跌倒在门槛之内，大声呼救却无济于事，女儿已被豪奴们架入了马车。

邻居闻声围来，挺身援救，然而为首的豪奴双手叉腰，大声嚷道："奉贝子爷之命，来此搜捕逃妾！谁敢多管闲事，上前试试，看你长着几个脑袋！"人们便敢怒不敢言，纷纷散去。

那日午正时分，钟楼往常一样悠悠然地撞着钟，人们依旧往常一样照常活动着，卖酸梅汤的小贩，炒红果子的小哥，用响器出嗡嗡响声的剃头匠，不远的街巷中——也许是烟袋斜街，又或许是鸦儿胡同中，传来了墩鼓、号筒、唢呐、韵锣、海笛等乐器和鸣的声音，哪家娶新媳妇的花轿已经过来了……

那卖豆汁的那对老实夫妇正处在极度的痛苦之中，父亲养伤卧在床上，昏迷中不时吐出絮絮的呓语，虽有好心邻居的前来帮忙照顾，但依旧怕一时难痊愈，母亲已处于半癫状态，跌坐在银锭桥头，一边拼出全部力气号啕大哭，一边又时断时续地发出最严厉的诅咒……

这时，就在钟楼鸣钟后不久，一位身穿一袭华美的长袍、头戴一顶前面嵌着美玉的便帽，手里拿着一根镶着翡翠的马鞭的少年骑马过来，看上去是个书生，但眉宇间却洋溢着一股雄武的英气。少年在卖豆汁的那位母亲面前下了马，并和蔼地问她为何在此恸哭。周围的人们帮着那位近乎癫狂的母亲，把事情的经过告诉了他。

少年听罢，不仅双眉倒竖，切齿有声，便对妇人说道："老妈妈，不要哭了。你等着听好消息吧！"只听一阵远去的马蹄声，一股香气飘过，待人们回过神来的时候，少年已不见了踪影，人们几疑刚才所见纯是幻觉中的人物。

一个月黑夜，天上没有半点星光，忽然一声凄厉的惨叫撕裂了贝子府上空的宁静，值夜的仆人和巡更的更夫听见了那声转瞬即逝的惨叫，慌忙行动起来，点燃了许多摇曳着红舌的蜡烛，动用了若干盏羊角提灯，立即在全府中进行了紧急巡查。回廊曲折、花木蓊郁的后花园自然是巡查的重点。

阵阵微风掠过，厅堂檐角的"铁马"发出杂沓的音响。主持家务的姨娘和府内总管在议事厅里听取着各路仆人的搜寻报告：各处门户皆无异常，整个邸宅没有发现任何侵入的人和物。于是那声短暂的惨叫便被怀疑为某个"夜猫子"的号叫声——当属"不祥之兆"，需得加倍小心，姨娘当场吩咐，天一亮便到隆福寺和白云观请僧、道来府禳解。

天上密布的紫云裂开一道缝隙，一束蛋青色的月光泻向地面。一切又恢复正常，烛灯相继熄灭，众人相继离开，值夜的照常坐屋值夜，巡更的照常绕着府墙打更。仿佛什么都没发生，仿佛什么也没出现，似乎只是一个普普通通的夜晚。

天逐渐亮起，晨光的映照下，贝子府逐渐显现出了它的轮廓，高耸在北城正北端的钟楼和鼓楼也渐渐显出了它们的雄伟。

第二天天光大白以后，就当人们都要忘了前一晚的"惨叫"时候，人们才忽然发现贝子从昏死中苏醒了过来，凄厉地呻吟着，双目不知被谁剜去，脸上留下两个骇人的血洞。在床帐上还发现一张写着16个字的纸条"抉汝眸子，汝其猛省。刀光霍霍，已盘汝顶。"

贝子府中发生的事情很快便传遍了钟鼓楼、什刹海一带。街坊四邻们都争先恐后地去告诉那卖豆汁儿的夫妇，然而是谁剜去了那贝子的双目，买豆汁儿的夫妇和左右邻居都心中有数。

据贝子府里的人传，直到听见贝子的呻吟声，仆人们才开门进去，其居室的门窗都关合极为严密，毫无被撬开过的痕迹，整个府第的所有门窗，也都如此……

一桩老百姓茶余饭后的谈资，虽已经历百年，但如今到钟楼、鼓楼、什刹海一带去查访，依旧还能听到老北京们的娓娓传述，各自加以不同的"作料"，设计着不同的结局，构成着不同的"版本"。

如今的涛贝勒府

如今的涛贝勒府为北京市第十三中学。主体建筑尚存，正门面阔五间，正殿、东西配楼、后寝、后罩正房均面阔五间。东西路的附属院落除戏楼外也大体保存下来，南部的花园尚在，基本保持了当时的原貌。

　　这里虽称做郡王府，但两任主人均为贝勒，为北京市级文物保护单位。

恒亲王府——北京抢救的首个王府

基本概况

1. 地理位置

位于东城区朝阳门内烧酒胡同路北，今福府夹道1号，坐北朝南。

2. 王府主人

始为康熙第五子允祺的王府。

3. 建筑特点

在乾隆《京城全图》中，此府后院建筑包括二进院落，前院有内门三间，东西转角房，东西配殿各五间，正殿七间带五间前抱厦。后院由正房、东西附院、七间后罩房和东西转角房围合而成。

主人变迁

恒亲王府，原为康熙第五子允祺的王府。嘉庆时，允祺后人爵位递降至镇国公，所以不能再住王府，将府宅改迁他处，而曾经的恒亲王府则改为淳亲王府。

嘉庆皇帝将此府赐给第三子淳亲王绵恺。因绵恺无嗣，就以道光帝第五子奕淙为嗣子，并于1846年承袭淳亲王爵位。恒亲王允祺是康熙第五子，故恒亲王府又被称为五爷府。后来淳亲王府家道败落，其子孙便将院落分割出售。民国时期，已无该王府记载。

挖出火枪刀剑

北京抢救的首个王府自然要属这个被子孙分割掉的恒亲王府。在抢救施工的过程中，施工方先是挖出了酒坛子，然后又在墙根下挖出了锈迹斑斑的四把刀剑和一支火枪。

四把刀剑中有两把长近半米，其余两把短刀长度只有 20 厘米左右。其中一把短刀只剩一铁制刀身，另一短刀刀尖处已经折断。最引人注目的火枪也只剩一支铁制枪身，枪托已不知去向，枪身长 30 厘米左右，枪管细长，扳机、准星等还能清楚分辨。五件出土的兵器被暂时存放在恒亲王府一房间内。

施工方称，工人在王府西墙和西厢房之间狭长地带挖掘下水道时，在离墙半米远、一米半深处发现了这些兵器，沿着墙一溜排开，十米内陆续发现这五件东西，距离发现酒坛子的地方不远。

文物专家介绍，这些应该是清代中末期的兵器，木制的短刀刀柄和火枪枪托因长期掩埋地底被腐蚀掉。出土的短火枪很可能是王公贵族的收藏，其余的刀剑也多是战刀、佩剑等。

果亲王府——乾隆爱弟的府邸

1. 地理位置

位于平安里西大街东首路北。

2. 王府主人

始王胤(允)礼,为清圣祖第十七子,雍正元年受封果郡王,1728年晋果亲王。

3. 建筑特点

《乾隆京师全图》中此府范围很大,东起育幼胡同,西与慎郡王府隔一夹道,南墙至今平安里西大街,北墙则在今大觉胡同及前广平库胡同,即现中国少年儿童活动中心的东部。该府正门阔五间,正殿面阔七间,前出丹墀,东西配殿也面阔七间,后殿面阔五间,后寝、后罩正房面阔七间,花园的规模很大。

敛财丧命果亲王

我们这里说到的果亲王却并非是爱新觉罗·胤礼,而是雍正帝的第六个儿子爱新觉罗·弘曕,而这个弘曕与我们的果亲王胤礼又有什么关系呢?

原来,十七爷胤礼只有过两个孩子,一个儿子、一个女儿,却都不幸早早夭折,此后胤礼便再无子嗣。后来雍正帝的第六个儿子弘曕便袭继了果亲王位,就这样另一个果亲王出现在了历史的名册里,而此果亲王却非彼果亲王。那么，这个果亲王是个什么样的人呢？故事还要从乾隆继位的那一年开始讲起……

弘曕是乾隆皇帝的弟弟，乾隆皇帝继位的那一年弘曕还只有两岁，而乾隆帝对自己这个幼弟更是喜爱有加。有一次小弘曕在圆明园内玩耍（弘曕小时候常常住在圆明园里，所以又被称作"圆明园阿哥"），乾隆帝看到便召他近前来说话，却不想，小弘曕因为害怕眼前的这个皇帝哥哥而一溜烟地跑了，跑得不见了踪影。乾隆帝见状，满心的不高兴，可又不能去责怪一个还未经世事的小孩子，于是便把气全都撒在了近身的太监身上。

虽然是这样一个不太愉快的小插曲，但却并没有影响到乾隆帝对这个弟弟的喜爱，为了将弘曕培养成才，乾隆帝特意请来了当时闻名退迩的沈德潜作为弘曕的老师。聪明的小弘曕也不负乾隆一片用心，最终学有所成，博学多识，书房更是海量藏书。

随着弘曕一天天长大，乾隆皇帝也开始将一些事务交给弘曕处理，当时才刚满 18 岁的弘曕便已经开始管理武英殿、圆明园八旗护军营、御书处、药事房。而到了 20 岁的时候乾隆又将造办处的事务让他管理。

因为胤礼没有子嗣的缘故，在胤礼去世后，弘曕便袭继了果亲王，就这样，年轻位尊的弘曕便渐渐有了一些浮躁，而最后，更是给自己造成了不可收拾的恶果。

弘曕喜好积聚钱财，行为放纵，毫不检点，对待下属苛刻严厉。弘曕本身就已经很富有了，但却依旧敛财到疯狂的地步，想尽一切办法大捞钱财，曾因为开设煤窑而强占平民产业，恃宠自傲的种种作为也慢慢引起了乾隆帝的不满。

一次，乾隆帝派弘曕前往盛京恭送玉牒，而弘曕却上奏说想要先去打猎再去盛京，这使乾隆帝非常生气，而弘曕仰仗着御弟的身份认为这样的小事乾隆帝一定不会把他怎么样，而乾隆帝对弘曕的不满早已是日积月累，终于，一件事成为了乾隆帝爆发的导火索。

当时正在审理两淮盐政高恒替京师王公大臣贩卖人参牟利一案，高恒招供称，是因为弘曕欠了一个叫作江起镨的商人的钱，于是便派王府的护卫带江起镨到高恒那里卖人参，牟利以供偿还欠债。乾隆得知此事后十分气愤，后来因为种种事件，乾隆终于忍无可忍，最后将弘曕降为了贝勒，且永远停俸。

弘曕被革职之后变得郁郁寡欢，更是经常把自己关在家里不门，一病不起。乾隆帝听说弘曕病了之后特意来到弘曕府邸看他，弘曕在衾褥（被子和褥子）间叩首谢罪，乾隆见到曾经喜爱有加的弟弟如此憔悴，被手足之情所感动，一时间更是呜咽失声，赶忙拉起弘曕手说道："我本只是想稍加处分来改变你年少轻狂的脾气，却不想你会因此得了这样的重病。"之后乾隆下令恢复了弘曕的郡王的封爵，可已经病重的弘曕还是在不久之后就因病去世了，年仅 33 岁。因为爱财而丧命的果亲王就这样走完了自己的人生之路。

弘曕死后乾隆极为悔痛，还特意为弘曕作了一首诗刻在了他的墓碑上，以表悔意与思念之情。

裕亲王府——府制最标准的亲王府

基本概况

1. 地理位置

裕亲王府位于东城区台基厂二条中间路北。

2. 王府主人

始王福全为清世祖的第二子，1703 年的时候，他的第三个儿子承袭爵位，1724 年的时候因卷入帝位争斗而改由其弟袭裕亲王。至清亡，此王府共历经十世十主。《京师坊巷志稿》称这里为荣公府，是因当时府主为荣毓。

3. 修建时间

此王府的修建时间为康熙六年（1667）。

4. 建筑特点

在众多亲王府当中，如果按照府制规定来衡量，裕亲王府该是最标准的一座亲王府。该府为敕建，完全按照规定修建。

根据康熙《大清会典》中记载："康熙六年（1667）建裕亲王府，大门一座五间。正殿一座十间。东西配楼二座，每座九间。左右顺山房二座，每座三间，牌坊门一座。寝殿一座七间，抱厦五间。东西配殿二座，每座五间。南北厢房二座，每座三间。后楼一座七间。随楼转角房二座，每座八间。"

手足同老

裕亲王府的第一任主人是康熙帝同父异母的兄弟，爱新觉罗·福全。那么，这个福全是怎样的一个人呢？

相传，福全天生有些残疾，没太大野心，他幼年的时候，顺治帝问他的志向是什么，福全说："愿为贤王。"而福全的一生，都是康熙朝的贤王。

两兄弟间情谊深厚。福全自幼与康熙帝共同孝敬祖母孝庄文皇后，每次出游兄弟二人总是前引后扈地陪同着祖母，在祖母病重时福全和康熙帝又是共同精心护理，直至孝庄文皇后奉安。

福全向来对康熙帝是说一不二，几次随康熙帝出征，最终击败噶尔丹。

康熙四十二年（1703）的时候，福全生病，康熙帝亲自到府内看视。后来康熙帝出巡塞外，福全病重，康熙帝得知后特命随行诸皇子策骑回京看视。不久，福全因病去世，终年51岁。康熙帝闻丧赶回京都，亲自祭奠。出殡时悲痛万分的康熙帝亲自前往王府，下令在黄花山为福全建碑、监造坟茔，并规定除常年祭祀外，另有加祭。

福全死后，康熙帝特命画工精绘一张康熙帝与福全并坐于桐荫之下的画像，以示康熙帝与福全手足同老之意。并以此图寄以衷肠，表示康熙帝对福全的思念之情。

命运难逃拆建

裕亲王府于康熙六年（1667）修建，因为距离新颁布的分封制度才不久，所以有意建成王府建筑的范例。虽然裕亲王府是众多亲王府中按着规定制造最标准的一座亲王府，但他最终依旧难逃被拆除、改建的命运。

清朝末期，因裕亲王府的地理位置在新开辟的使馆界内，所以被拆除改建为奥匈使馆，该王府遗迹已无存。

洵贝勒府——西单商场的前身

基本概况

1. 地理位置

在西单北大街110号。宅第坐北朝南，西界临西单北大街，东界接辈阴胡同，南临东槐里胡同，北近灵境胡同。

2. 王府主人

洵贝勒即载洵，本醇亲王奕譞第六子。

3. 建筑特色

东西窄，南北长，是一座基本呈长方形的大宅院。据资料介绍：府邸建筑分为三路，所有房屋均为硬山过龙脊筒瓦顶。东路三进院有前厅、中厅、后厅和配房、耳房，垂花门和游廊与后厅相连。中路有正房两栋和前院东西厢房、耳房。西路两进院落有正房、东西厢房和耳房，均有廊相连。在东槐里胡同南面，还有洵贝勒府的马圈和花窖。

只知游览，无所建树的王府主人

洵贝勒府的主人载洵作为少壮派贵胄，在他的哥哥载沣担任摄政王之后便被得到重用，且被派去控制军队。

宣统元年（1909）的时候，清廷试图复建早已在甲午战争中覆灭了的海军。于是载洵看好时机，便向他的哥哥载沣表示想子承父业，管理海军。同年，上谕宣布皇帝为全国陆海军大元帅，皇帝亲政以前由监国摄政王载沣代理，同时，载洵和海军方面的专业人才萨镇冰被派为筹办海军大臣。

只有一点贵胄学堂经历的载洵，对海军可以说是一窍不通。上任仅一个月，便与萨镇冰等南下巡阅海防。一路考察军舰队、学校、船坞、炮台、制造局等，先后共走过十个省。在此期间，载洵还主持了一次象山军港的辟港典礼。这趟出行，载洵可谓是过足了官瘾，尽足了游性。

然而，在国内玩得不过瘾，载洵还要到国外去走一趟。为了考察各个国家海军的发展情况，清政府决定派载洵和萨镇冰前往欧洲访问。在载洵和萨镇冰在欧洲参观考察了造船厂、港口、海军。就在此期间，欧洲造船业的资本家们纷纷向他们推销产品，而载洵和萨镇冰每到一个国家，必订购至少一艘的军舰，这些军舰到了民国之后才造成陆续来华。

欧洲"游玩"了一圈，回国后，载洵又听说他的弟弟载涛去了美国和日本访问，便也闹着要去美国和日本。载沣只好答应，载洵和萨镇冰又离开北京前往上海，并由上海出发开始了美国、日本之行。这一趟，又游了三个月之久。

载洵本来就是养尊处优的纨绔子弟，没有什么政治经验，更没什么励精图治的精神。在美国考察期间，更是给人留下了不少的笑柄。

一次，载洵在参观船舰和制造厂后，有人问载洵："贵使有何意见发表?"而载洵竟只回答了一句"很好"。翻译为了顾全载洵的体面，只好代答为"贵国海军精良，足资敝国模范，我很钦佩"，但却早已被听者识破，被传为了笑谈。而载洵在美国饮酒作乐，也是被美国报纸绘图刊载讽刺。

在此期间，载洵曾遭到了华侨厨工邝佐治的刺杀，不过，没有刺杀成功。邝佐治正要从裤子口袋中掏枪的时候，被侦探当场逮捕。因为邝佐治并没有从口袋中掏出枪，按照美国的法律，如果他本人否认这是一场刺杀行为的话，这场罪案将不成立，邝佐治也会被无罪释放。然而邝佐治却在法庭上高喊："立意杀之，以除国家大害。"因此他受到了 14 年的监禁的处罚。经过这场刺杀，载洵着实被吓得不轻，也不敢再在美国停留了，即刻启程去了日本。

载洵和萨镇冰的出访欧洲、美国、日本之事，从规模、时间、价格来看，绝对是清代海军历史上空前绝后的一次出访。但由于载洵的无知与贪玩，使这次出访大打了折扣，并未取得什么的成果。

而载洵在海军部还没过上几天好日子，便爆发了辛亥革命。

武昌起义爆发后，原本海军的进攻对革命军构成了很大的威胁，湖北军政府督黎元洪致信萨镇冰和其他海军官兵，呼吁他们调转炮口，反击清廷。海军官兵受到革命宣传的影响，大多开始倾向革命，积极酝酿起义，清朝政府察觉出海军的"异样"，十分恐慌，而此时身在北京的海军都统载洵却毫无办法，只能眼睁睁地看着海军倒向革命。

后来袁世凯上台，免去了载洵海军大臣的职务。至此，执掌了两年多的都统大臣载洵，结束了他的海军生涯。

贝勒府旁的婚礼

在淘贝勒府旁边，曾经还有过一场简单且浪漫的婚礼。故事是怎样的呢？为什么是在贝勒府的旁边呢？事情是这样的。

年老后的载洵身体也一日不如一日，后来上下楼都成了问题，于是便命人在贝勒府的旁边盖了一幢西式的平房供自己居住，空出来的贝勒府就借给了他的老友林鸿赉一家。林鸿赉是中孚银行的经理，载洵的旧交，也是载洵最信任的老友，他甚至将自己的财产委托给他经营保管。让这样的老朋友住在自己的贝勒府里，载洵自然是不收取房租也和电费的，其实载洵也是想住得近些，相互好有些照应。

就在林鸿赉搬进贝勒府的那年秋天，一天，载洵让看门的管家去向林鸿赉传话，说是有事相邀。当晚下班，林鸿赉便到贝勒府旁边的平房去探望载洵，并询问什么什么事情。原来，已经是年过花甲的载洵想与在他身边陪伴多年的女友戴明正式结为夫妻，便求林鸿赉帮忙聘请一位律师，为他和女友举办一场家庭婚礼。并且还邀请林鸿赉作女方的主婚人，载洵的弟弟载涛作为男方的主婚人，载洵的两个女儿也出席认亲。林鸿赉请来了一位姓赵的律师为载洵和戴明证婚，就这样，载洵在自己最至亲的好友面前，给了戴明一个相应的名分。在婚后三年，载洵因病逝世。

从洵贝勒府到西单商场

清朝政府灭亡后，载洵将洵贝勒府卖掉，而从载洵那里接受洵贝勒府的人是第一集团军副总司令兼第五十三军军长万福麟。

洵贝勒府南有一个馓子胡同，又称馓子王胡同，从明代就有。馓子是用糯米粉和面粉混合，油炸的一种食品。当时是因为胡同内住有一个姓王的人，他所制造的馓子远近闻名，故名馓子胡同。而万福麟得到洵贝勒府后，却感觉这个馓子胡同十分不吉利，因为忌其音近"散资"，所以将胡同的名字改成了"槐里胡同"

1930 年，黄树滉在西单创办了厚德商场，一时很是兴旺。万福麟见此情形，认为办商场可以赚大钱，便也想办商场。

当年槐里胡同里除了万福麟一家之外，在路南靠西头还有三个院子住着居民，有的是在万福麟家干活的，有的是卖酸梅汤的小贩，有的在电话局工作。除此之外，还有一座刚刚盖起不久的救世军教堂。于是万福麟就出钱让几家居民搬走，教堂由万家出面拆掉，并在灵境胡同南边照着原样重建了一个一模一样的教堂。万福麟利用当年洵贝勒府的马圈和花窖以及腾出的居民和教堂的空地办起了福寿商场。于1932年10月开业，名称是从万福麟的名字和他的别号"万寿山"各取一个字组成的。

然而，福寿商场还开业没几年便连同厚德商场一起发生火灾，整个商场被烧毁，变成一片废墟。火灾过后，又在槐里胡同的北侧开辟了临时商场了。

不久，七七事变爆发，万福麟随军撤到了南方，也顾不上重建福寿商场。后来北平沦陷，日本人便在原福寿商场的临街处盖起了高岛屋，成为了当时有名的三家日本商店之一。高岛屋的后面商场称为正谊商场。

解放后，临时商场又称西单商场六场。到了1981年5月的时候，西单百货商场的职工们，自己动手，在这块基地上改建了它的北货场，现在为西单商场的一部分。

理郡王府——王大人胡同里的王府

基本概况

1. 地理位置

位于北新桥三条东口路北。

2. 王府主人

明代为太监王永恩宅邸，乾隆四年（1739）的时候，革弘晳继袭之理郡王爵，由理密王第十子弘昑继袭，并在此居住。直至清末，历经七世八主。民国时期，此地荒芜。

3. 建筑特色

理郡王府的主要建筑物有房屋（218）间，府门三开间，中间有门启闭。进府门有一小门，里边是正殿五开间，东西配殿各五间。正殿东西有群房各七间与内院的东西配房相连接。内院的后寝和东西配房均为五开间。后楼和东西两侧的北房也是五开间。此外，沿着府墙内侧建有群房在一百间以上。

弘昑的府邸

第一代理郡王弘晳是康熙朝太子允礽的第二个儿子，康熙皇帝的皇长孙。允礽最初被立为皇太子，后来被废，死后被追封为理密亲王。

康熙六十一年（1722），康熙驾崩第二天，弘晳就被雍正帝封为郡王——累加多罗理郡王爵，后来又晋封理亲王。理郡王府建立于弘晳袭封理郡王时期，被废太子允礽并不曾在此居住过。

212

弘晳原本居住在王大人胡同理郡王府，雍正元年（1723），雍正命其居在平西府，直至乾隆四年（1739）时，弘晳被拘为止，允礽的第十个儿子弘晄袭理郡王，搬迁至王大人胡同的理郡王府，《乾隆京城全图》中的理郡王府指的就是弘晄的府邸。

王大人胡同与理郡王府

清朝末年，王大人胡同的东段名赵公府，所谓"赵公府"，实际上是指辅国公"毓炤"的府邸，因"炤"与"赵"同音；西段称王大人胡同。1947年统称王大人胡同。那么这个王大人胡同的名字由来是什么呢？

明崇祯十七年（1644），李自成率领农民起义军攻入北京城内，见大势已去的崇祯帝自缢于煤山（今景山）东麓的一株老槐树上。司礼秉笔太监王承恩也追随崇祯帝自缢于崇祯帝的脚下。这位被谥为忠愍的太监王承恩，在封建时期是位忠君的表率，他的宅邸在东直门里北小街西侧——那条东西走向的胡同，因而名王大人胡同。

辛亥革命后，理郡王府的后裔分为四支，其中有大学士福锟的孙辈恒霖、侄子毓善等。他们卖掉了王府西边的广恩寺和南边的马圈，后又被拆走了广恩寺里边的木料与砖瓦石片，广恩寺里边成了空场。

日本投降后，毓善等把祖坟地周围余地卖给了东直门外长店村照应坟地户李家、王家、周家。解放前夕，广恩寺旧址成了青壮年躲避"抓壮丁"的避风港，看院子的李姓夫妇每天傍晚把青壮年放进院内，让他们在大花池子里睡觉，白天再放出来。解放后，全国侨办征用广恩寺旧址，还特意给李姓夫妇专门盖了两间房让他们居住。直到1950年，理郡五府的后裔还在王大人胡同居住，而理郡王府已经遗迹无存。

理亲王府——清朝唯一不在内城的王府

1. 地理位置

位于北京市昌平区北七家镇郑各庄。

2. 王府主人

爱新觉罗·弘晳。

王府位置为何远离京城？

理王府邸建在北京德胜门外郑各庄，并同时建有城墙、护城河等。康熙当年在这里建设王府其实主要是想给两次被废的太子胤礽居住，可是，为什么要在这样一个远离京城的位置建造呢？

在太子胤礽两次被废除之后，让他久居宫中实在不是办法，而让他住在城里，时间久了还怕生事，康熙帝考虑再三，于是便想到了这样一个地方给被废除的太子居住。郑各庄的地理位置正好是紫禁城和昌平城的中间，南北各相距 40 里（20 千米）。而且依山傍水，风景极好，附近更是有温泉。再说到此地的交通，水陆两通、四通八达。环境好，地理位置佳，交通也很便利，这是康熙帝在此地选建王府的主要原因。

康熙帝去世后，因为在遗嘱当中并没有明确说明要太子胤礽住进王府中，所以胤礽没有迁居进王府。于是，继位的雍正帝便让胤礽的儿子弘晳住进了这个王府。就这样，弘晳成为了这座王府里的第一个主人。后来弘晳因为犯了大逆不道之罪，而被革除王爵，永远圈禁。从此这座王府便荒废了。

理亲王府为什么又被叫作"平西府"？

理亲王府后来还被百姓们称作平西府，说到"平西"，我们自然想到的是平西王吴三桂，然而吴三桂却从没在此府居住过，那为什么还被称作"平西府"呢？

原因是这样的，当年弘晳因罪被革除王爵之后被囚禁在景山东果园，而因为弘晳的缘故，理亲王府也不能再被叫作王府了，于是后人们便将此处叫作"弘晳府"或"昌平弘晳府"，就这样，叫着叫着，这里的名字便被谐音成"平西府"。

爱新觉罗·弘晳

理亲王府本来是为了两次被废的太子胤礽而建设，但其显名于世却是因为弘晳封王后的迁入，后来的消亡也是因为弘晳的获罪革爵。王府的由兴至衰，弘晳都在其中扮演者着重要的角色，那么这个爱新觉罗·弘晳究竟是一个怎样的人呢？而最后他又是因为犯下了怎样的大逆之罪而被革爵圈禁？下面让我们来了解下这个被尘封在历史里的人物——爱新觉罗·弘晳。

弘晳简介

爱新觉罗·弘晳是康熙帝的长孙，他的父亲就是被康熙帝两次废立的太子爱新觉罗·胤礽。子凭父贵，弘晳很小的时候便受到祖父康熙帝的宠爱。

康熙六十一年（1722），康熙帝逝世，弘晳同时被封为郡王。雍正元年（1723）的时候，弘晳携带家人迁居进理亲王府。雍正八年（1730），弘晳晋和硕理亲王。作为弘晳的叔父，雍正帝对弘晳特别关心，甚至弘晳在给雍正帝上奏的时候直接称呼其为"皇父"。但雍正帝却从未委派重要的任务给弘晳，只是让其参与一些礼仪性的活动。后来乾隆帝继位，弘晳因"逆案"而被革爵并且圈禁在景山东果园，去世后无谥号。

弘晳逆案

弘晳终究是犯下了怎样的大罪而被圈禁革爵？而这个历史上著名的"弘晳逆案"又终究是怎么一回事呢？

在康熙朝的后期，储位之争的激烈程度可算作是清朝入关之前最严重的，后来争夺战逐渐平复，却因"弘晳事件"的发生再次掀起一场高潮，但这个事件也是争夺战泛起的最后一道波澜。

"弘晳事件"的整个经过相比于历代"谋朝篡位"案件并不算复杂，而从发现到审理结束一共也才不过几个月的时间。但是，随着时间的推移，案件又在不断地被揭露，使人们对这件事情的认识从表面到深入，不断深化。

因为雍正皇帝在 45 岁的时候才继位当上皇帝，后来皇位没做多久又突然逝世，这使他的死亡原因成为了至今也说不清楚的谜团。雍正帝去世后将皇位传给了乾隆，早在乾隆当皇子的时候，他的哥哥弘时就因为图谋不轨结交雍正帝的政敌而被雍正帝处死，有了这样一个"杀鸡儆猴"的事件，其他皇子们对政事也就不敢多问，所以这就导致了当乾隆帝上台的时候，他的政治基础是很不牢靠的，不仅很多封疆大吏他都不认识，就连皇族中他的支持者也是寥寥。但是乾隆帝很聪明，一上台便实行了一个叫作"亲亲睦族"的政策。

雍正朝的时候，皇位争夺战尤为激烈。当年康熙帝在位的时候，八阿哥和九阿哥对皇位就是蠢蠢欲动，后来雍正帝继位，这两个人对皇位依旧是垂涎，跟雍正明里暗里较劲，于是雍正帝便将他们两个人处死。乾隆目睹了这场争夺皇权的斗争，也深深明白，要想稳定政治局面，就要先从皇族内部展开"活动"，于是便实行了这个"亲亲睦族"政策。对过去的事情既往不咎，对皇族里的人都予以善待，与此同时，那些与皇族争夺战有关联的官员们也都一律赦免。

弘皙是康熙帝眼看着长大的，所以康熙帝对弘皙非常喜欢。对于自己的父亲胤礽被两废两立太子，弘皙最初是隐忍不发，但到了乾隆四年（1739）的时候，弘皙中终于爆发了一次对乾隆皇帝的反击——弘皙逆案。

对于这件逆案的发生，乾隆是快刀斩乱麻，很快便扑灭了这次政治阴谋。随后乾隆更是消灭了所有的重要档案，不向社会公布。

这场弘皙逆案虽然是康熙朝争夺皇位事件的又一场风波，但同时也是康熙、雍正、乾隆朝数十年皇位争夺战的结束，后来弘皙被革爵、圈禁，也算是为诸位争夺战画上了一个句号。

王府的风月传说

理亲王府中的神秘传说很多，无论是和它主人有关的清宫疑案，还是老百姓口中所讲的"太子窥妃"，各种各样的传说和故事，都为这座王府笼罩上了一层神秘色彩。

用妃子换回来的王爷

我们要讲述的第一则故事和这座王府的主人弘皙有关。

相传，在雍正年间的某一天，这个叫作郑各庄的小村庄，往常一样平静。忽然，来了一队内务府的人马，不由分说地就开始跑马圈地，然后接下来的几天时间，又来了大批的工匠开始掘地三尺，很快，一道颇有气势的护城河就被挖了出来。又不出几日，一座高墙环绕的府邸就在这护城河内建成了。这下老百姓们可纳闷了，这村庄中也没有谁和皇亲国戚是沾边的啊，怎么忽然间就来内务府的人，而且还在这里建造起了这样的府邸？又过了些时日，这个府邸中来了大批了太监和宫女，但是府邸当中的主人却迟迟没有露面，但听说是给王爷住的。这下老百姓们就更加好奇了。什么王爷？为什么要住在这么远的地方？而且在这座府邸周围驻扎的那些侍卫，与其说是护卫，倒不如说是看守。老百姓们再看这座王府，越看越像是个豪华版的监狱，让人捉摸不透。不久后，京城中传来了小道的消息，说是这府邸当中的确是要入住一位王爷，不过是一个用妃子换回来的王爷。这个消息更是让老百姓们摸不到头脑了。这又到底是怎么回事儿呢？事情还得追溯到雍正帝刚即位的时候。

话说当年雍正帝即位成功之后，他对自己的兄弟们没有手下留情，大开杀戒。弘皙也因此为逃避雍正帝的迫害而带着妻子逃出了京城避难，却不想最后还是被皇帝抓到了。但雍正帝听说弘皙的妻子长得是沉鱼落雁、闭月羞花，于是就动了歪心，想纳其为妃子。当然，作为交换条件，首先雍正保证不杀弘皙，但却要将其软禁起来，那么，软禁在哪里呢？就在郑家庄的那座府邸里吧——本打算禁锢其父废太子允祁的府邸，而且还将其改名为"理亲王府"。

帐殿事件

还有一则故事是关于被废太子胤（允）礽的。

康熙帝在木兰围城打猎，白天打猎，晚上就睡在帐殿之内。其实这所谓的"帐殿"，不过就是用布幔子围起来的帐篷而已，只不过皇帝住进去，就变成了帐殿。

这天半夜，打了一天猎的康熙帝已经是很疲惫了，正准备在帐殿内就寝，却忽然察觉似乎有人在偷窥他，于是便赶紧派人出去看个究竟。可当侍卫冲出去的时候，却连个人影都没看到，这让康熙皇帝就有点慌了。心里琢磨，难道是有人想暗杀我么？怀着这种疑虑，康熙帝不踏实地睡了一晚之后，第二天便加强了警备，可却依然连个人影都没抓着。这下康熙帝就有些生气了，第三天的时候不仅加强了警备，还派人提前在帐篷外面埋伏好，等到人影出现的时候立即擒获。这天夜里，果真又出现了那个人影，早已在帐篷外面埋伏好的侍卫们迅速扑上前去，将这个人抓了个正着。而当康熙皇帝上前一看究竟的时候，发觉这个人居然就是自己立的太子胤（允）礽。听说当时胤（允）礽是因为爱上了康熙帝的一个妃子而半夜出来偷看，可他在被抓住后又难以启齿。康熙帝自己也明白真相，却不能说出，于是窝了一肚子火的康熙帝就把太子胤礽给废了。

还有一种说法，说是其实康熙帝和胤礽的矛盾早就存在，只是康熙帝一直找不到什么借口去废除这个太子，"帐殿事件"不过是康熙帝找的一个废太子的借口罢了。

当然，这些也都只是民间的传说而已。事实上，在皇宫里，儿子是不可能爱上父皇的妃子的。因为在宫中，皇帝妃子和女儿所居住的地方是被视为禁地的，而且在明清的制度上有明确的规定，先皇的未亡人和继承人必须过了 50 岁之后才能相见。这个帐殿事件是事实，但当时胤礽终究为什么偷看，在偷看什么，就不为我们所知了。

王府的消失

第三则故事是关于这座王府的消失。

相传，在很多年前的一个夜晚，已经忙碌了一整天的郑各庄村民们刚刚进入梦乡，这时村外传来了千军万马的铁蹄声，刹那间，仿佛整个村庄都被军队包围起来。不明真相的村民们赶紧将门窗关好，躲藏在自己家中不敢出来，而个别大胆的村民则起身出去想看看外面到底发生了什么事情。村民发现，包围在村外的"千军万马"居然是全副武装的御林军。在千万灯笼的映照下，黑夜如同白昼。御林军喝令村民们，不准偷看，更不准走出家门。就这样，一整夜的时间，村里持续着砖瓦的碰撞声，村民们虽好奇，却也不敢偷看。直到天色逐渐亮了起来，外面砖瓦的撞击声也逐渐消失。打开门窗，村民们大口呼吸着新一天的空气，忽然间，村民们惊奇地发现，一直坐落在村西面的那座金碧辉煌的王府居然不见了，就在这短短一夜的时间里，整座王府消失得干干净净，甚至一砖一瓦都没有留下。

于是村里的人们开始一传十、十传百，为这座"来也匆匆去也匆匆"的王府编纂着各种各样的故事传说，有人说王府是"由天而来，由天而收"，还有人说是夜晚的御林军队将整座王府迁移回京城……总之有各种各样的传言。

直到后来有一天，有人在王府的旧址处发现了一口被填了一半的井，外表看来这口井同普通老百姓家的井并没有什么区别，但往里看的时候会发现，这口井是用黄铜砌成的，算是为往日的王府繁华留下的见证。

多年之后的今天，那口铜井果真被人发现了，井被填了一半，井壁是黄铜砌成的，从而证明了这座王府真实存在过。

安亲（郡）王府——不复存在的王府

基本概况

1. 地理位置

安亲（郡）王府位于东城区台基厂南侧东交民巷 15 号院内。

2. 王府主人

始王为硕安和亲王（多罗安郡王）爱新觉罗·岳乐，为饶余郡王阿巴泰第四子。

3. 建筑特点

安亲（郡）王府的主要建筑有：面阔 5 间的正门，面阔 7 间的大殿、有丹墀，面阔 5 间的后殿，面阔 7 间的后寝室。

饶余郡王与王府

说到安亲（郡）王府，我们便不得不从一个清初时期的将领说起，他就是清太祖努尔哈赤的第七个儿子，饶余郡王——爱新觉罗·阿巴泰。

阿巴泰一生战功卓著，自视甚高，可由于他是侧妃所生，所以在兄弟中地位比较卑微，论功行赏总是得不到公平对待，于是，他常是满腹牢骚。在皇太极当政期间还曾多次受到羞辱和处罚。

阿巴泰是在去世后才被追封为饶余亲王的，他的儿子岳乐在顺治八年（1651）的时候袭郡王，改号"安"，后又晋为安亲王，所以饶余郡王府又被称为安亲（郡）王府。

到了雍正元年（1723）的时候，安亲王府改建为昭忠祠。

清朝末年，这里便成了使馆区，昭忠祠被拆除，安亲王府遗迹也就此不复存在。

"四王栅栏"的由来

岳乐袭郡王爵后改号"安"，王府亦被称为安郡王府。后来岳乐又晋为安亲王，府亦称为安亲王府。

安亲王府所在的胡同口有一排栅栏，作为防盗的遮挡物，日启夜闭。因为岳乐为阿巴泰的第四个儿子，所以被人称之为"四王"，就这样，王府所在的这个胡同便被称为"四王栅栏"。

恂郡王府——主体建筑荡然无存

基本概况

1. 地理位置

恂郡王府原址位于西直门内大街后半壁街。

2. 王府主人

恂郡王府是康熙第十四个儿子胤（允）禵的府邸。

3. 建筑特色

《啸亭杂录》中记载："恂郡王府在西直门大街。"王府的范围大约南起半壁街，北至西直门内大街，东起南草厂，西至老虎庙（今后半壁街）。据史料记载，郡王府中轴线上的主体建筑有：面阔5间的正门，面阔5间的大殿，前出丹墀，面阔5间的配殿，面阔3间的后殿，面阔5间的后寝，面阔3间的后罩房。从现存的史料来看，恂郡王府严格遵循了清代王府的规制，遗憾的是，这座府邸主体建筑已经荡然无存。

战功显赫的皇十四子与恂郡王府

恂郡王府中的主人爱新觉罗·胤禵，这个名字想必大家并不会觉着很陌生，关于他有各种各样的传言，而历史上真实的恂郡王及其府邸究竟是什么样子的呢？下面让我们来走进恂郡王府，了解一下这个战功显赫的皇十四子。

胤禵原名为胤祯（因为原名胤祯的"祯"与康熙帝胤禛的"禛"

字同音，因此被改为胤禵），他是康熙帝的第十四个儿子，雍正的同母弟弟。康熙四十八年（1709）的时候被封为贝子，雍正元年（1723）晋为郡王，两年后又被降为贝子，又过一年被剥夺爵位。直到乾隆二年（1737），胤禵被封为辅国公，十二年（1747）晋贝勒，十三年（1748）恢复恂郡王爵位。从胤禵的爵位反复变更中，我们不难看出，这位王爷的生平坎坷，而这同皇室之间的权利斗争是脱不开干系的。那么这个王爷的一生是怎样的呢？

青年时期

胤禵在青年时候就表现出了聪明过人、才能出众的一面，而且非常讲义气，所以深为康熙帝所喜爱，从年少的时代起便频繁地跟着康熙帝出巡。胤禵比雍正皇帝小十岁，两个人虽然是同母兄弟，但因为胤禛（雍正）生性淡薄，而且从小并不是被同一个宫妃养大，所以这两个兄弟间的感情并不深厚。但胤禵与才华横溢、为人谦和的皇八子胤禩却是关系甚好。在皇太子胤礽被废前后，胤禵积极追随胤禩参加争夺诸位的活动，这一举动引起了康熙帝的不满。后来，父子间甚至发展到对立和冲突的地步。

康熙帝怒斥胤禩企图谋害胤礽的时候，胤禵竟因为胤禩的一句"尔我此时不言，何待"而挺身跪奏："八阿哥无此心，臣等愿保之！"康熙帝一听，更是龙颜大怒，欲拔出佩刀处死胤禵，皇子们见状遂叩首恳求，皇五子胤祺更是跪抱求康熙帝不要杀胤禵，只有胤禛不语。经过这件事，胤禩被康熙帝打了几记耳光，脸部红肿。胤禵则被打了二十大板，行走艰难。

后胤礽被复立皇太子，康熙帝十分高兴，大封诸皇子。胤禵虽然同康熙帝的父子关系依然紧张，但也受了封，先是被册封贝子，后来又封固山贝子。同年，康熙帝巡行塞外，命胤禩侍从，并没有让胤禵跟随。可胤禵还是设法想和胤禩一起去，胤禵换上了旧衣破帽，乘坐小车之上，假装是卖东西的小贩，白天偷偷在后面跟着，晚上的时候去胤禩的帐房里通宵密谋策略，行踪十分诡异。胤禩的夺嗣计划失败之后，胤禵反而变得更加活跃起来了。

因为康熙帝在立储问题上曾多次征求过大学士李光地的意见，胤禵见此情形，便召见了李光地的门人陈万策，称呼其"先生"，且"高坐上礼"地招待。希望可以通过陈万策与李光地有所联系，并让其在康熙帝面前为他进言，博得大臣和士人的好感，在朝野内外为他传播声誉。

抚远大将军

康熙五十年（1711），胤禵随着康熙帝出巡塞外，七年后，准噶尔部首领策旺阿拉布坦出兵进攻西藏，拉藏汗请求清朝发兵救援。康熙决议由皇子领兵远征策旺阿拉布坦，尽快平息西北地区的战火。环顾诸皇子，康熙帝选中了年轻有为、颇具军事才干的胤禵，给了他一次在政治舞台上崭露头角的极好机会。胤禵被任命为抚远大将军，统大率大军进驻青海，讨伐策旺阿拉布坦。胤禵出征时，如同天子出征一般，十分威武气派。

康熙六十年（1722），胤禵移师甘州（今甘肃省张掖市），企图直捣策旺阿拉布坦的巢穴伊犁，却不想因为路途遥远，运输困难，而没有成功。胤禵以军务重大，密奏暂停进剿，得到了康熙的赞同。于是胤禵奉命回京述职，经过反复的研究磋商，康熙决定争取和平解决准噶尔问题。翌年四月，胤禵离京再赴军前。

康熙驾崩

胤禵被任命为抚远大将军之后，他意识到康熙帝对自己的信任和器重，于是野心开始逐渐膨胀，对未来的御座也是更加垂涎。

然而，正当允禵做着那九五之尊的皇帝美梦的时候，康熙病逝胤禛登基的消息传来。这个消息来得突然，犹如晴天霹雳，让他不知所措。恍惚之中，他按照新帝的旨令，把大将军印务交给平逆将军延信，立即动身回京。胤禵抵京后，即落入了雍正布下的罗网，行动上失去了自由。但他并不肯屈服，在景山寿皇殿拜谒康熙帝灵柩的时候，来了一场大闹灵堂。

拜谒灵柩的时候，胤禵见雍正也在那里，于是只是远远地给雍正叩头而已，并没有向雍正皇帝请安祝贺。侍卫拉锡见此僵局，连忙拉他向前。胤禵瞬时大发雷霆，怒骂拉锡，并到雍正面前，斥责拉锡无礼，说道："我是皇上亲弟，若我有不是处，求皇上将我处分，若我无不是处，求皇上即将拉锡正法，以正国体。"雍正见此大闹灵堂的胤禵十分恼火，斥责其心高气傲，并下令革去其王爵，降为固山贝子。

雍正元年（1723），康熙梓宫运往遵化景陵安葬后，雍正下令胤禵不准返回京师，留住在景陵附近的汤泉，并命人监视他的行动。兄弟两人的不睦和冲突，使正处极度悲痛中的孝恭仁皇后病情加重，不久后便去世。雍正在慰"皇姊皇太后之心"的幌子下，晋封胤禵为郡王，但却并未赐其封号，注名黄册仍称固山贝子。这使允禵不仅没有感恩之心，反而更加愤怒。

囚禁生涯

随着雍正统治地位的日渐稳固，雍正对胤禵也越来越严酷。雍正二年（1724），雍正获悉胤禵在家中私造木塔，遂令人进行搜查，并强令其交出木塔。胤禵气愤难忍，当晚在住处更是狂哭大叫，直至半夜方才停止。翌年，胤禵又被革去王爵，降授固山贝子。紧接着，诸王大臣又参奏胤禵在任大将军期间只图利己营私，应即正典刑，以彰国法。雍正认为胤禵应当与胤禩等人有别，于是将其禁锢于景陵附近，严加看守。后又被革去固山贝子，被押回北京，囚禁于景山寿皇殿内。尽管诸王大臣一次又一次地上奏罗列胤䄉的罪状，望"即正典刑"，但雍正始终没有同意，最后只是下令"暂缓其诛，以徐观其后，若竟不悛改，仍蹈罪愆，再行正法"。从此，胤䄉便销声匿迹，开始了他的囚徒生活。直至雍正死后才重获自由。

乾隆皇帝即位不久后，下令释放胤䄉，以图缓和政治上的紧张气氛。乾隆二年（1737），胤䄉被封为辅国公，十二年（1747）封多罗贝勒，十三年（1748）晋为多罗恂郡王，并先后任正黄旗汉军都统、总管正黄旗觉罗学。然而此时已经年事已高的胤䄉在政治上也不可能再有什么大的作为了。

后来的恂郡王府

胤䄉去世后，恂郡王府赐给了清宣宗道光皇帝的第九个女儿寿庄公主，并改为公主府。同治四年（1865）的时候，寿庄公主的额驸去世，十一年（1872）的时候毓橚袭贝子爵位，这座公主府又赐予了毓橚贝子。一直到清朝灭亡，这座王府一直被叫作毓橚贝子府。由此可知，曾经居住在恂郡王府里的胤䄉后人，应该早就离开了恂郡王府，搬到了别处居住了。

淳亲王府——被英国人占为使馆的王府

基本概况

1. 地理位置

淳亲王府位于东城区东交民巷正义路西侧五号院。

2. 王府主人

为康熙帝七子淳亲王爱新觉罗·允佑的府宅。

3. 王府变迁

淳亲王，爱新觉罗·允佑，清康熙皇帝第七子，康熙四十八年（1709）晋封为淳郡王，于雍正元年（1723）再晋封淳亲王。此府是受封郡王后建成的。咸丰十年（1860），王府成为英国使馆。

4. 建筑特点

梁公府原为康熙帝第七子淳亲王允佑的府邸，传至其重孙镇国公奕梁，故又叫梁公府。王府多数建筑已经不在，只有仪门、正殿、翼楼、后寝及配殿等保留完整。

现存英使馆大门为灰砖砌筑的二层凯旋门式，中部有水平腰线，门上部为半圆拱形龛，上有凸出的徽式雕塑，两侧边跨上下各有长方形与长拱形龛，顶部为中央高起的女儿墙，墙面有砖砌凸起的水平装饰性划分。

恪尽职守的淳亲王

淳亲王府的主人是康熙帝的第七个儿子爱新觉罗·胤佑，雍正帝的异母弟弟。雍正帝继位后，为避名讳，除了自己之外，其他皇兄弟都避讳"胤"字而改为"允"字排行，因此又作"允祐"。

允祐天生有残疾，好学习，爱书法。有诗见《熙朝雅颂集》。在康熙三十五年（1696）的时候奉命统率镶黄旗大营，并因此立功，于三十七年（1698）晋封贝勒。康熙四十八年（1709），允祐晋封为多罗淳郡王。后正蓝旗满洲都统延信出征西陲，允祐奉命管理正蓝旗满洲、蒙古、汉军三旗事务。雍正元年（1723），允祐奉命管理左翼镶黄、正白、镶白、正蓝四旗事务。允祐一生始终没有参与过派别、储位之争，听从调遣、恪尽职守，其受命以来，诸务毕举，颓风靡习渐至改变，晋封为和硕亲王，仍号"淳"。后来，因疾解旗务。于雍正八年（1730）。雍正帝命辍朝三日，赐祭两次，下命于易县神石庄村南造坟立碑，谥号"度"。

被英国人占为使馆

在咸丰十年（1860）的时候，"英法联军"攻占北京，并于同年十月签订了《北京条约》，1月9日，英使与恭亲王奕䜣议定以每年一千两租银租用梁公府，也就是淳亲王府，为英国使馆。

清光绪二十六年（1900），义和团攻打使馆区，意大利、日本、法国、俄国、美国五馆纷纷迁入英使馆。《辛丑条约》过后，英国使馆在原址的基础上又扩大两倍范围。将周围的空地划分，西北部作为英国兵营，北部作为操场，还将其西南角一带租赁给英商毛兰洋行和瑞士上百纳公司使用。

后民国政府迁都南京，英国使馆也随之迁至南京，但使馆原址仍被英国人占用。直到1944年，英、美等"同盟国"才将其使馆移交还给中国。

仪亲王府——长寿皇子的府邸

1. 地理位置

仪亲王府位于西城区西长安街路北、府右街以西。

2. 王府主人

始王永璇，为高宗第八子。

3. 建筑特点

《啸亭续录》说这里原为耿仲明宅，共有房间 314 间，规模宏大。

仪亲王府

仪亲王府为清高宗乾隆第八子永璇的府邸。永璇去世后，其长子绵志继袭郡王爵，所以这里也被称之为仪郡王府。

此宅规模宏大，大小房间共有 314 间。其中较大的建筑群为府右街西南的一处梯形院落，南部宽，北部窄，东部随灰厂街（府右街）走势为一条斜线，西至荷包巷。府门在东南角，从府门到后置楼点共五进院落。永璇在原来宅邸的基础上按王府规制将其改建。荷包巷以西扩进府内，修建了庭园，院宇宏大深邃，林亭尤美。

光绪三十二年（1906），清政府将仪亲王后人镇国公毓祺迁于西直门内大街路北，然后在此处改建邮传部和銮舆卫。民国后这里还曾改为交通部、财政部，后又成为北平广播电台和冀北电力公司所在地。1949 年后曾为北京市人民政府所用。

如今王府全貌已不可见，仅存东部二进四合院、一段府邸隔墙和阁楼。

现今文化局院内残存的游廊和楼阁一般认为是当年仪亲王府花园旧物。

仪亲王府的由来

每座王府都有它独特的来历，有的是专为某个王爷建造，有的是收回别人的府邸再进行封赏，那么，仪亲王府到底是怎么来的呢？

起初，仪亲王府本是清初三藩之一——耿仲明的府邸。说到居住在这座府邸当中的耿氏，我们就不得不提及三藩之乱。

三藩之乱发生在清朝初期，因为康熙帝的削藩，平西王吴三桂、平南王尚可喜和靖南王耿精忠三藩镇王联合反清，并有多股力量参与。

因为康熙帝的撤藩举动，以吴三桂为首的三藩最终举起了反清复明的大旗。三藩之乱自康熙十二年（1673）吴三桂起兵叛乱，到康熙二十年（1681）吴世璠自杀，清军进入昆明，前后共延续了八年的时间，波及十几个省区，虽然叛乱最终被平定，但是清廷依旧受到了沉重的打击。而在这八年的叛乱过程中，大致可以将其分为三个阶段。

第一阶段：从康熙十二年（1673）冬至康熙十五年（1676）春，战乱不断扩大，吴三桂、吴之茂、耿精忠分别反叛于各个省份，此时清军东征西讨、顾此失彼。

第二阶段：从康熙十五年（1676）春末至康熙十七年（1678）初夏，耿精忠腹背受敌，仓促撤兵请求投降，而此时的尚之信也请求投降，战争形势开始逐渐有利于清军，但与吴三桂军仍处于相持阶段。

第三阶段：从康熙十七年（1678）仲夏至康熙二十年（1681）秋。康熙十七年（1678）的时候，已经74岁的吴三桂在衡州称帝，国号为大周．但即便如此，其仍然不能改变叛军的困境。同年秋，随着吴三桂的病死，没有了首领的叛军开始逐渐瓦解，与清军的对峙形势更加不利。后来吴三桂的孙子吴世璠继承帝位，清军趁机对吴军发动进攻，叛军一蹶不振，其领地逐渐被清军攻陷。康熙二十年（1681）底，随着吴世璠自杀、清军攻进昆明，持续了八年的三藩之乱终于告平。

其实单从耿军的角度上来说，如果没有吴三桂的谋划，他们是绝对不会去想反叛的事情的。耿精忠是耿氏家族降清后的第三代，他的爷爷，也就是耿仲明被编入汉军正黄旗，所以，耿精忠无论是从资历、声望还是军事才能等各方面，与另外两个藩王吴三桂和尚可喜都是不可相提并论的。而且，耿军在军事实力上也很薄弱。耿精忠经过三藩之乱之后被处死，而耿氏曾居住过的府邸也被清廷查收，经过改建后，赐给了怡亲王永璇，演变了成了仪亲王府。

清朝最长寿的皇子——爱新觉罗·永璇

仪亲王府的主人爱新觉罗·永璇是乾隆帝的第八个儿子。乾隆帝的皇子并不多，太子的人选更是寥寥。乾隆时期选太子的制度是延续了雍正皇帝的"密选"。就是皇帝将自己心中默定的太子人选写在密诏当中，一式两份，一份藏在内廷乾清宫"正大光明"的牌匾后面，另一份自己收藏，并且明示群臣，自己已经立好太子。在皇帝临终的时候让大臣按照其指示从乾清宫"正大光明"的牌匾后面取出密旨，并与放在身边的密旨相对照，两旨一样，太子继承皇位。这种方法使乾隆帝的即位之路特别顺利，所以便将其沿承，然而这个方法在乾隆朝却进展得并没有那么顺利。乾隆帝密立的第一个太子永琏因病去世，后来的乾隆帝又密立皇七子永琮、皇五子永琪为太子，但这两位皇子依旧未能活到继承皇位就分别辞世，其中永琮年仅两岁便因为天花而夭折。因为太子是密立的，所以这些都是在这几个皇子去世之后乾隆帝才向诸大臣们透露的。在此后的七年当中，乾隆帝于在世的七个皇子当中物色人选。这七个皇子当中，因为皇四子永珹和皇六子永瑢已经出继给旁支（嫡亲以外的支属）为嗣，所以不能继承皇位。剩下的五个皇子分别为：皇八子永璇、皇十二子永璂、皇十五子永琰、皇十一子永瑆、皇十七子永璘。其中皇十二子永璂的身份是最高的，其母是乾隆帝的第二个皇后乌喇那拉氏，但乾隆三十年（1765）的时候，乌喇那拉氏与乾隆帝发生矛盾，乾隆帝一怒之下想将其废除，后来群臣进谏，乾隆帝才没有下诏，但此后的乌喇那拉氏已经不再有往日的风光，名存实亡，次年便抑郁而终。乾隆对乌喇那拉氏的气殃及到了皇十二子永璂，而且永璂在几个皇子中又没有什么出众的才能，所以太子之位对于他来讲已经是遥不可及。剩下的四个皇子，当时的皇十七子永璘还尚在襁褓之中。皇十一子永瑆虽然较有文采，且善于书法，但却不善于骑射，乾隆帝很不喜欢他的儒弱气质，并曾严厉斥责过他。皇十五子永琰算是四个人中较为优秀的一个，但是乾隆帝并没表露出想立其为太子的态度。至于永璇，虽然较为年长，但因举止轻浮让康熙帝有些反感，而且永璇在朝中的人缘并不是很好，还曾受到过乾隆帝的公开斥责。那么，除却还在襁褓当中的皇十七子永璘，永瑆、永琰和永璇这三个人终究谁继承了乾隆帝的皇位呢？乾隆于乾隆三十八年（1773）冬的时候确定了太子人选，并将其名写在密诏上，一式两份，一份藏与乾清宫"正大光明"牌匾之后，一份留在自己身旁。乾隆六十年（1795），乾隆即将禅位（禅让帝位），宣示皇位继承人为永琰。这也是大臣们所猜到的。

就这样，寥寥的皇子中，永璇并没有被选为太子，于乾隆四十四年（1779）被封为仪郡王后就再没晋封。道光十二年（1832）永璇去世，终年87岁，谥曰"慎"，他是清朝最长寿的皇子。

诚亲王府——两座王府的兴衰

1. 地理位置

诚亲王府，有新旧两个府，经过两个时代，一个是风雨飘摇的康熙时代，一个是暴风骤雨的雍正时代。

旧府在今西城区平安里西大街，路北的官园，这个地方明朝是官菜园，简称官园。

新府在现在的西城区新街口东街 31 号，现在的积水潭医院。

2. 王府主人

康熙第三子爱新觉罗·胤祉。

诚亲王允祉

诚亲王府的主人诚亲王允祉是康熙皇帝的第三个儿子，生于康熙十六年（1677），他的母亲是容妃马佳氏。这个马佳氏是怎样一个人呢？她在很早的时候就成为了康熙的皇妃，深受康熙帝的宠爱，在康熙帝 14 岁的时候为其生了第一个儿子——皇长子承瑞，但是却很不幸地早殇。随后从康熙十年（1671）一直到康熙十六年（1677），此七年的时间里，马佳氏共生了五子一女，由此可见，在此期间马佳氏特别受到康熙皇帝的宠幸。子凭母贵，因为对马佳氏的喜爱，康熙帝对允祉从出生的那一刻开始就关爱有加，稍有成长后的允祉因为聪明且好学，逐渐变得知书达理，且特别善于骑射，这让康熙帝对其更是十分喜爱。康熙皇帝为了培养皇子，在允祉长大后采取了很多办法。比如随父亲征，接受挫折教育来锻炼考察他，不光在军事上，还有生产和社会方面锻炼。在此培养、锻炼允祉的过程中，康熙帝发现，允祉在科学学术方面有着出众的才能，这也是其他皇子所不具备的，而康熙本人也是对西洋的各科都抱有浓厚的兴趣，这样一来，父子俩因共同的兴趣爱好而变得更为亲近。

允祉有个儿子，也深得康熙的喜欢，于是康熙便把封他为世子，享受贝子的待遇。就在诚亲王前途大好之时，康熙帝却去世了。

康熙皇帝去世，雍正帝继位。允祉的命运也发生了很大的转折。

康熙帝从八岁登极到去世，共在位 61 年，他是中国历史上在位时间最长的皇帝。康熙帝共有 35 位皇子，皇子间的皇位争夺战自然异常激烈。允祉一直想明哲保身，不参与诸位的争夺，始终以学者的身份一门心思编书。但当他的大哥和二哥被废后，允祉成为了最年长的皇子，再加上他的才华和他与康熙帝的亲密关系，他便被其他皇子视作为最强的皇位竞争对手，成为许多皇子的眼中钉。

康熙帝在位时，对他百般信任，允祉总能化险为夷。雍正帝继位后第六年（1728），诚亲王允祉被降成郡王，八年（1730）复诚亲王，后被革去王爵并囚于景山永安亭。其子弘晟一同被禁锢，府第收回，赐与慎郡王允禧。雍正十年（1732），允祉病死，享年 56 岁。

新旧两府

因为诚亲王命运的变故，他的王府随之也有了很大的变迁。

旧府

诚亲王府的旧府位于今西城区平安里西大街，路北的官园。这里曾是明朝的官菜园，简称官园。现在是中国少年儿童活动中心。据《啸亭续录》里记载，雍正帝上台后，革了允祉的王爵并禁锢在景山永安亭了，将诚亲王府赐予了康熙帝的第二十一个儿子慎郡王允禧。

明朝时期，王爷被封在哪里，世世代代就在哪里。清朝的王府却不同，清朝时期，封亲王、郡王后，赐一座府宅，如果降了职，或者其他状况，就要迁走，除了世袭罔替的铁帽子王之外，其他都有变化，就这样，诚亲王的儿子也受到了。

新府

雍正八年（1730）的时候，允祉被恢复了亲王，雍正帝又建造了一座新府给他，位于现在的西城区新街口东街31号，就是现在的积水潭医院。当时王府的范围很，西面是王府，东面是花园，积水潭医院基本上是诚亲王的一部分，特别花园部分，至今还保留了一些遗迹和遗址。

顺治时期曾对亲王王府有过规定："基高十尺，正门广五间，启门三外周围墙。正门广五间，启门三。正殿，广七间，前墀周围石栏。左右翼楼，各广九间。后殿，广五间。寝室二重，各广五间。后楼一重，上下各广七间。自后殿至楼，左右均列广庑，大门金钉。纵九横七。"皇宫是纵九横九。对于黄瓦也有规定的：正门、殿、寝，均用绿色琉璃瓦，其他配殿用灰色的筒瓦，仓房、马厩等用灰色板瓦，诚亲王府是按照顺治朝规定建造出来的。

廉亲王府——昭忠祠的一部分

基本概况

1. 地理位置

位于北京东城区台基厂。

2. 王府主人

康熙第八子爱新觉罗·胤禩。

监禁中病故的廉亲王

廉亲王府的主人廉亲王爱新觉罗·胤禩是康熙皇帝的第八个儿子，雍正帝的异母弟弟。在皇太子胤礽第一次被废除的时候，胤禩就想谋取皇太子的位置，结果被削去贝勒，以示惩罚。后来被复封。雍正帝即位后，为了稳定人心，封胤禩为廉亲王，并任命其办理工部事务。雍正帝位稳定后便开始对其打击，最后将其交宗人府圈禁，胤禩之后的人生便在监禁中度过，直到病故，终年46岁。

那么，这样一个在监禁中病故的廉亲王终究是怎样一个人呢？他的一生又是什么样子的呢？下面让我们来慢慢了解。

母亲卑微

胤禩在年少的时候为胤褆的母亲惠妃所扶养，其生母为良妃卫氏。卫氏因出身卑微，入宫后只能充当宫女，在宫内做一些粗活。但卫氏的自身条件很好，温柔聪慧，相貌出众，这也就解释了为什么卫氏的身份如此卑微，最后还是被康熙看上，并为其生下皇子。

康熙三十九年（1700）的时候，卫氏被册为嫔，而在那一年，仅有两人被册封，除了卫氏，还有一位则是正在受宠的瓜尔佳氏。那时的卫氏相比于年仅17岁的瓜尔佳氏来说，已经是有些年老色衰，不过相比于先于她生皇子却没有得到册封的戴佳氏来说，可以看出康熙对其的喜爱。后来卫氏又晋升为良妃，是康熙的五个妃子当中资历最浅，生皇子最晚的妃子。

卫氏生下胤禩之后，因康熙帝嫌其出身低微，所以将胤禩交给大阿哥胤禔的母亲——惠妃那拉氏教养。所以，胤禩与惠妃的感情特别好。雍正帝即位之后，允许部分母妃可以去其子的府邸居住，惠妃因为其亲生子胤禔被圈禁，所以移至胤禩的府邸居住，可见胤禩与惠妃之间的感情深厚。

少年轶事

胤禩自幼就表现得很聪慧，而且通晓人情世故，待人亲切随和。且早早便开始习读诗书。

清朝对小皇子们入书房读书的年龄规定为六岁，由名师每日教其满、蒙、汉等文字，并学习骑马射箭等功夫。

胤禩虽然天资聪颖，但写字却是他的弱项，而康熙帝对其的书法也是特别不满意，还特意令当时著名的书法家何焯教其书法，并要求其每日写十幅字呈览。最初胤禩每日认真伏案，后来因为不耐烦便开始找人代写，欺骗康熙帝。

有一次，胤禩随着康熙帝与众兄弟去塞外巡猎一个月，身手出众，受到康熙帝的赞赏。

因为康熙帝对胤禩的喜爱，所以在康熙三十七年（1698）分封皇子的时候，胤禩便被封为贝勒，与其一起受封的还有四皇子、五皇子和七皇子，但胤禩为其中最年幼的一个。此后康熙还曾多次指派其与三皇子胤祉一同办理政务。

广结善缘

因为胤禩的性格为人亲切，毫无阿哥的那种骄纵之气，所以胤禩在朝中是广结善缘。不仅在众兄弟当中与皇九子胤禟、皇十子胤䄉及皇十四子胤禵的交情非比寻常，其与众多的王公大臣也是交情甚好。康熙帝的哥哥裕亲王福全就曾在康熙帝面前赞扬过胤禩的聪颖，且品行端正，宜为储君（帝王的继承人）。同时，在江南文人中胤禩亦有极好的口碑。

教胤禩书法的老师何焯是当时著名的学者、藏书家、书法家，以擅长八股出名。何焯为人生性直率，经常是当面呵责别人，这使他没少得罪人，但何焯在胤禩府上教授其书法的时候，与胤禩的感情却是特别好。何焯的父亲去世，何焯便将身边的幼女交给胤禩的福晋照看，自己回乡为父亲治丧。胤禩还曾托由何焯为其在江南购买书籍，颇得当地人的好评，并称呼其为"实为贤王"。

唯一福晋

胤禩的爱情在那个时代也是个另类，同时也该算是一段传奇。同那些有着三妻四妾的皇子相比较，胤禩这一生却只有一个福晋——郭络罗氏。侍妾也是少得可怜。这样一来胤禩便被后人说成了是"惧内"贤王，而郭络罗氏也被后人说成是"天下第一妒妇"。那么，胤禩和郭络罗氏的爱情究竟是什么样子的呢？

郭络罗氏是安亲王岳乐的外孙女，父亲是和硕额驸明尚，同时郭络罗氏也是九阿哥胤禟的表妹，康熙的宠妃——宜妃的侄女。郭络罗氏从小就在宜妃的身边长大，因为对宜妃的宠爱，爱屋及乌，康熙对郭络罗氏也是十分喜爱。虽然不是格格，但康熙帝对郭络罗氏的娇惯程度绝对是仅次于太子。郭络罗氏就是这样一个集万千宠爱于一身的天之骄女，而她当时嫁给八阿哥胤禩的时候，胤禩还只是一个默默无闻，甚至在宫中备受他人鄙视和冷眼的小角色。没什么身份，更没什么地位。那么，康熙帝为什么还会将自己这样宠爱的"女儿"嫁给他呢？原因有两个：第一就是郭络罗氏自己的意愿，她对胤禩是真的喜欢，所以心甘情愿地嫁给他。再者就是康熙方面的原因，这个聪明了一辈子的康熙帝怎么可能做没有目的的事情。他将自己的掌上明珠嫁给胤禩，其实也因为看中胤禩，肯定他的能力，不然也不会让胤禩年纪轻轻就当了贝勒，而且，康熙也希望胤禩可以发展、壮大起来。胤禩因为"母亲卑微"，才选择默默无闻。所以康熙帝将自己的"宝贝女儿"嫁给胤禩，用郭络罗氏的身份抵消了胤禩母亲卑微的身份。

那么胤禩对郭络罗氏到底是怎样的感情呢？历史对郭络罗氏的描述是一个脾气暴躁、性格泼辣的女人，而且还是个有名的妒妇，正因如此，胤禩才一直没敢纳侧福晋。其实郭络罗氏有这样的性格也是合乎情理的。因为郭络罗氏的母亲在郭络罗氏很小的时候就去世了，父亲也不在她身边，无论是外祖父安亲王还是康熙帝，对郭络罗氏都是相当的宠爱，这样一来，郭络罗氏就养成了骄横、泼辣的性格。八阿哥胤禩对她终究是真的喜欢，还是只是为了自己的地位才忍气吞声地迎合这个女人？答案是"爱"。因为只有爱的存在才能使一切的不可能变成可能，只有爱的存在才能使一切的泼辣、暴躁转化成包容。胤禩正是因为爱郭络罗氏才会这样任由她蛮横，且心甘情愿地背上舆论赋予他的"惧内"之名。而且，清朝统治本来就是男人的天下，一个女人有再大的势力，其地位和分量还是有限的。所以，八阿哥胤禩与郭络罗氏两个人，是因为真心相爱才走到一起的。

渐失父爱

随着胤禩的逐渐年长，他开始不再受到康熙帝的特别喜爱，关系开始变得冷淡起来。

就在太子胤礽第一次被废后，大阿哥胤禔曾对太子之位垂涎，不过让康熙帝严加斥责之后，胤禔便不再痴心妄想。但他却向康熙帝举荐了胤禩，这个举动不但没能帮到胤禩上位，反而让康熙帝勃然大怒，遂将胤禩关进宗人府问罪，革其贝勒的头衔。

太子被废的第一次风波过后，康熙帝又恢复了胤禩的贝勒头衔，本该安分地做自己的贝勒爷，却不想太子第二次被废的时候，胤禩的命运又发生了一次重大的改变。

太子第二次被废后，朝中大臣们都建议康熙帝再立太子，并且都推荐八阿哥胤禩。但是康熙帝对这件事情并未表明态度。康熙五十一年（1712），康熙帝前往热河巡视，而当时恰逢是胤禩生母良妃去世两周年的忌日，于是胤禩便前去祭奠母亲，但没有和康熙帝请安，只是派随行的太监去向康熙帝说明了缘由。这本是合乎情理的事情，康熙帝也应该理解。可事情坏就坏在那个传话的太监，他送了两只将死的老鹰给康熙帝，这让康熙帝龙颜大怒，认为胤禩是在诅咒自己。于是召集众阿哥，当面斥责胤禩是贱妇所生，心高阴险，结党私营，垂涎太子之位。之后甚至讲出更绝情的话，与胤禩断绝父子关系。从那之后，胤禩开始变得一蹶不振，第二年就病倒了。而在胤禩病重期间，康熙帝对胤禩更是毫无关爱，完全不顾自己儿子的死活。在康熙帝去畅春园小住的时候，为了避免与胤禩相遇，就让胤禩搬至城内家中，根本不过问胤禩的病情。但即便康熙帝对胤禩的态度已经如此冷淡，胤禩在朝中依旧还是有着很高的威信。康熙五十六年（1717）的时候，从康熙帝特别信赖的大学士李光地对胤禩的评价中，就可以看出胤禩在朝中的声誉——"目下诸王，八王最贤"。

坎坷余生

后来康熙帝驾崩，雍正皇帝即位，二十多年的诸位争夺战也就此结束，然而，这一切对于胤禩而言，又是一个不幸的开始。

就在雍正还未正式登基的时候，他就命胤禩与胤祥、马齐、隆科多四个人总理事务，并将其视为自己的宠臣。对胤禩，雍正帝更是给予了很多的优待。先是加封为和硕廉亲王，授为理藩院尚书，后又命其办理工部事务。那时的胤禩可谓是风光至极。然而胤禩把雍正的阴谋看得清清楚楚。其实不光胤禩自己，就连八福晋郭络罗氏都将形式看得明明白白。胤禩被加封亲王之后，八福晋母家人前来道贺的时候，八福晋就曾这样说过："何喜之有，不知陨首何日。"

雍正帝是玩弄两面派的高手，他这面在稳定胤禩的同时，另一面则对与胤禩关系密切的人加罪处理。这样一来，与胤禩亲密的人都被遣散尽了，雍正帝便开始对胤禩展开打击。以各种各样的借口治胤禩各种各样的罪过。然而，面对雍正帝的咄咄逼人，胤禩也有所反抗，利用自己的职务之便，为雍正帝制造了很多的麻烦。但是小胳膊哪里能拗得过大腿，胤禩这样与雍正帝抗衡的结局只能是被革爵查办，最后被圈禁，在高墙中度过了自己的余生。

故去的廉亲王府和其后人

随着廉亲王的失势，廉亲王府也随之衰落，后来成为了昭忠祠的一部分。那么，此后廉亲王的后人们都何去何从了呢？

胤禩在监禁中病故之后，乾隆四十三年（1778）的时候，乾隆帝恢复其原名，并入玉牒，其子孙也一并叙入。然而这个时候胤禩的儿子永旺已经去世，在世的是永旺第二子肃英额与第三子永明额。道光六年（1826），内务府大臣宗室永明额被任命为清西陵泰宁镇总兵。道光六年六月，任命永明额守护昌陵。永明额在道光二十一年的时候去世，享年84岁。永明额的儿子绵森曾任马兰镇总兵、官礼部尚书、工部尚书、刑部尚书。绵森虽然有四个儿子，但是却只有第四个儿子奕沆最成气候，官居工部员外郎。奕沆的子孙均为过继的，其中过继孙溥宽为康熙第 15 子愉恪郡王的后裔。溥宽仅有一子毓漳，至此以后，廉亲王府的再后世子孙就不得为后人所知了。

循郡王府——被分成两半的王府

基本概况

1. 地理位置

循郡王府在安定门内大街方家胡同，被割裂为 13 号和 15 号两个门牌号。

2. 王府主人

循郡王名永璋，是乾隆皇帝第三子，死后追封循郡王爵。后来过继给循郡王为嗣子的绵懿按贝勒府的级别修建。

3. 建筑特色

有正堂五间，后院还有正房和配房，东跨院属花园和生活居住区。东部是一组完整的大型四合院落，分主院、中院和后院，布局相似，有北房和东西配房。西部正院乃是现存较少的贝勒府形制的府第。

循郡王府的变迁

乾隆年间，住在循郡王府里的人是爱新觉罗·永璋。永璋是乾隆皇帝的第三个儿子，雍正十三年（1735），初封循郡王，其母当时为宝亲王格格，即后来的纯惠皇贵妃苏氏。永璋有一个孩子，不过出生后不久夭亡了，于是过继成亲王永理之子绵懿为嗣。永璋去世后，绵懿便将府邸按贝勒府的级别建造，并与子嗣一直居住在此，直到清朝末年。后来，循郡王府还曾改名为"迁公府""葵公府"，分别因时主镇国公载迁和其子溥葵而得名。

经历过改名、改建的循郡王府，如今已经被分成了两半——13 号和 15 号两个门牌。方家胡同 13 号院的门口，循郡王府的匾额上方挂着"东城区老干部活动中心"的牌子。王府门口的墙上还挂有东城区老干部大学、东城区老干部党校的牌子。

15 号院现为外交部宿舍。

1984 年此王府被列为北京市文物保护单位。

洪钧的寓所

循郡王府里还曾住过一个在历史上颇有名气的人——清末状元洪钧。那么，这个洪钧是何许人也？他是什么出身？下面让我们来慢慢介绍。

洪钧出身在一个商人家庭，本是个本本分分的读书郎，后来家道中落，父亲不得不让洪钧放弃学业而转学做生意。但洪钧却对做生意没有丝毫的兴趣，于是便再三请求父亲想继续读书。父亲答应了洪钧的要求，从此，洪钧更加刻苦地读书，先考上生员又考中举人。后于同治七年（1868）的时候考中状元，授翰林院修撰。那一年，洪钧正好是而立之年——30 岁。

经历过读书苦的洪钧，在仕途上可谓是一路顺畅、官运亨通。同治九年（1807），洪钧出任湖北学政，后来参与编修咸丰朝《实录》，被赐花翎四品衔。后来迁翰林侍讲、侍读，提督江西学政。历任右春坊、侍读学士、侍讲学士。

到了光绪十三年（1887）的时候，洪钧充任出使俄国、德国、奥地利、荷兰四国的外交大臣，成为了中国古代状元中唯一的外交官。从此洪钧开始了他的外交官生涯。

洪钧在出国期间，不仅对国外的政治、经济、文化进行了认真的考察，对欧洲各国的形势也是进行了认真的研究和分析，并且还预测到欧洲即将爆发战争。洪钧向慈禧太后报告自己的预测，并向朝廷建议，中国应该抓紧时机修明政治，讲究军备。后来，欧洲果真爆发了第一次世界大战，而这也充分证明了洪钧政治预测的准确性。

洪钧是一个特别喜欢研究历史的人，其在国外担任驻外使臣期间，更是在元史的研究方面取得了很大的成就。在译员的帮助下，洪钧充分利用外国著作，补证史实，为元史的研究开辟了一个新的途径。在经过数年的努力之后，洪钧还编撰了《元史译文证补》三十卷，而这本书也奠定了洪钧在中国史学研究上的地位。他还改革了中国电报字码，使之与国外的大致统一，这样一来，不仅方便了与国外的交流，而且还为国家节省了巨额的通讯费用。

光绪十六年（1890）的时候，洪钧回国，晋升兵部左侍郎、总理各国事务衙门行走。洪钧一生仕途坦荡，可最终却是因为一些"误会"而抑郁至死。

事情是这样的，洪钧在国外的时候曾经花重金买了一张俄制中俄边界地图，经过校勘刻印后交给朝廷。但由于对外文的不通，所以将帕米尔地区许多卡哨划出了中国国界。后来这张绘错的地图被沙俄公使馆收集了起来，并拿其作为中俄两国边境争端的"证据"。这就是帕米尔中俄争界案。此案一发生，洪钧便遭到了众官员们的联名弹劾。因为这件事情本来就是俄国方面的"无赖行为"，所以在经过各国洋务大臣的极力排解后，事实被弄清，帕米尔中俄争界案也就此告一段落，中国并没任何的损失。然而洪钧还是因此受到了沉重的打击，终日在悔恨中度过，郁郁寡欢，后抑郁成疾，于光绪十九年（1893）在北京病逝，终年55岁。

履亲王府——东正教教堂的前身

1. 地理位置

履亲王府坐落于昂班章京胡同以北，十根旗杆胡同与胡椒园胡同以东，东邻多罗贝勒允祈的府邸。

2. 王府主人

王府的主人爱新觉罗·允裪，生于康熙二十四年（1685），为皇十二子。

3. 建筑特色

乾隆三十一年（1766），内务府奏案中的一则为修缮履亲王府销算工程钱粮的奏折中，详细记载了该府的建筑状况。原文为："查先经总管内务府折奏，履郡王府年久糟旧，交总理工程大臣踏勘修理。经奴才踏勘得：神房、佛堂、祠堂、顺山围房等项四百三十九间，库房、茶房、书房、饭房以及花园各座房屋三百十二间，共房七百五十一间。"

皇十二子与苏麻喇姑

履亲王府的主人爱新觉罗·胤裪是康熙帝的皇十二子。在其刚出生不久后，康熙帝便遵照太皇太后的意图将胤裪托给苏麻喇姑抚养。这个苏麻喇姑是何许人也呢？苏麻喇姑的原名为苏墨尔，满文转音为苏麻喇，而最后那个"姑"字则是其死后的敬称。苏麻喇姑在一个贫苦牧民的家庭里出生，天资聪慧，后来被科尔沁贝勒府看中，进府给贝勒寨桑的二女儿本布泰做贴身侍女。而她所服侍的这个二小姐正是后来大名鼎鼎的孝庄文皇后。顺治元年（1644）的时候，清军入关，苏麻喇姑也随着那时已被尊为皇太后的本布泰住进了金碧辉煌的紫禁城。苏麻喇姑参与过清朝开国冠服的设计，还曾担任过顺治皇帝和康熙皇帝的启蒙老师，是一位在历史上颇具传奇色彩的人物。

胤祹被托给苏麻喇姑抚养的时候，苏麻喇姑已经是年近古稀，但其身体依旧健康且头脑清晰。在清朝的时候，嫔妃或者宫人所生的皇子托付给别人代养是很正常的事情，譬如康熙的哥哥福全和弟弟昌宁就是小时候交给"殷实官员抚养"，还有雍正皇帝就是自幼由康熙帝的第三个皇后佟佳氏抚养的。再有五皇子胤祺，放在皇太后的宫中抚养。但这些托付给别人抚养的皇子们不是交由官员抚养，就是交给宫中的妃子抚养，像十二皇子胤祹这样交给侍女抚养的却是不多见。这说明康熙帝对苏麻喇姑特别地信任。而且苏麻喇姑教育有方，曾经也当过康熙帝的启蒙老师，康熙帝将皇十二子胤祹托付给她，也是想让苏麻喇姑好好教育皇十二子。另一方面，康熙帝也是看苏麻喇姑一个人生活太过寂寞，让她抚养一个孩子，会带给她快乐。

因为胤祹是被苏麻喇姑从小养大的，所以他对苏麻喇姑的称呼自然与其他皇子也不一样。胤祹称呼苏麻喇姑为"阿扎姑"。"阿扎"在满语中的意思与"额涅"的含义相同，即是"母亲""额娘"的意思。但在后面加一个"姑"字就变成了"母姑"。这也是胤祹对苏麻喇姑独用的称呼，"母姑"比妈妈要小一些，但关系也是十分亲切，有种"不是亲娘胜似亲娘的"意味。因为苏麻喇姑的地位有限，所以并不能成为胤祹的养母。在胤祹与苏麻喇姑共同生活的 20 年里，苏麻喇姑对其既是慈母又是严师。经过苏麻喇姑的言传身教，胤祹逐渐长成了一个品行良好、才干出众的皇子，无论康熙帝交给其办理怎样的事务，他总是能表现出虚心和干练，这使康熙帝很是欣慰。康熙晚年的时候，也正是诸皇子争位最激烈的时候，宫中被搅得是鸡犬不宁。但就是这样混乱的时期，胤祹却不曾介入其中。康熙四十八年（1709）的时候，胤祹被封为贝子。每当康熙帝出游的时候一定会叫胤祹随从，从而看出康熙帝对胤祹的喜爱。

康熙四十四年（1705），年近九旬的苏麻喇姑突然一病不起，"腹疼痢血，食不下咽"。在京的几位皇子都前去探望，像对待自己的亲生母后一样尽心护理，其中，胤祹最为殷勤。自苏麻喇姑生病之日起，胤祹就与福晋在其身边悉心护理。因为苏麻喇姑从小就有不吃药的习惯，所以无论皇子们怎样劝说，她都是拒绝医治。康熙知道苏麻喇姑这个习惯，所以让皇子们骗苏麻喇姑说吃的只是"草根煮鸡汤"，不是药，劝她服用。却不想，苏麻喇姑说草根也是药，拒绝服用。就这样，苏麻喇姑因拒绝吃药而导致病情越来越严重，不久便与世长辞。

苏麻喇姑生病的那段期间，都是由皇子及其福晋们护理的，并且，在皇宫中有这样一个规定，用人及下层妃嫔，得了重病之后便要迁出皇宫，去固定的住所去养老，怕的是在宫中传染疾病。但皇室中的重要成员就可以在原处养病。苏麻喇姑得的是传染病，但她在宫内的住所却一直未动，皇子们对此也是心照不宣，没有人提起迁出的事情。而康熙帝因担心皇子们遵守成规，还特意写信嘱咐众皇子们不要让苏麻喇姑迁出住处，如若已经迁出，必令其迁回原处。后来苏麻喇姑去世，对于她的安葬，康熙帝也是打破了常规，予以特殊的、高规格的待遇。在京的皇子除了年幼者，全部到场，分工善后，而出巡在外的康熙帝更是写书信指示："将妈妈存放七日后，再洗身穿衣。因朕十五日才能抵京，故再存放七日，俟朕到家后再定夺。"康熙帝决定亲自料理苏麻喇姑的后事。在皇宫当中，皇帝和皇子们只有在自己的亲人们去世的时候才会一齐亲临办理后事，苏麻喇姑作为一个侍女，有这样规格的待遇，再一次说明了皇帝一家实实在在地将她当作自己家里的人。

苏麻喇姑的遗体被安葬好之后，胤裪依旧是悲痛万分，想为苏麻喇姑守灵，由此可见胤裪对苏麻喇姑的深厚感情。

苏麻喇姑去世的时候已经是年过九旬，在长寿这一点上，胤裪也是一样，79 岁而终。

几种传说

在履亲王府中有几则传说，文字虽然不多，但却被一直流传到今天。

八旗杆胡同

第一则是关于八旗杆胡同这个名字的由来。

履亲王府在旗杆胡同旁，而旗杆胡同的名字也很有可能和胡同内的履亲王府与真武庙有关。

履亲王府在鼎盛时期，王府的旗杆，加上旁边真武庙的旗杆多达十根，所以人们便称所在胡同为十根旗杆胡同。后来王府主人爵位下降，到了咸丰时期，履亲王府的主人只袭镇国公。有一次大火，王府被烧毁。虽然昔日的王府成一片荒烟蔓草，但地名却一直流传下来。

四爷府

第二则是关于履亲王府另一个称呼的由来。

履亲王府又被称为"四爷府"，这是为什么呢？原来乾隆的第四个儿子永珹过继给胤裪袭爵，所以履亲王府又被大家称之为"四爷府"。

改建为教堂的履亲王府

履亲王府还是国际领土，这是怎么回事儿呢？

在康熙年间，当时的沙皇俄国发动了雅克萨战争，并在战后签署了《尼布楚条约》。由于这批俄罗斯人信仰东正教，所以康熙帝特批了一块土地，建了一座东正教教堂——罗刹庙（后称圣·尼古拉教堂），就在东直门北小街一带修，成为北京第一座东正教堂，与履亲王府相邻。俄国东正教廷还派来司祭等教职人员。

在义和团运动中，此教堂被烧毁。八国联军攻入北京后，与教堂相邻的履亲王府也被烧毁了。两年后重建，同时将履亲王府割让，允许教堂扩建。扩建后，改名为"致命堂"。

1956 年，原教堂建筑被拆除，此处改为苏联大使馆，同时在大使馆附近新盖一所小东正教教堂。

如今，此地为俄罗斯联邦驻中华人民共和国大使馆。其内仍保留着一组原为履亲王府的中式古建筑：面阔 5 间的北大殿，绿琉璃筒瓦庑殿顶；面阔 3 间的西殿，绿琉璃筒瓦顶。建筑上之吻兽为鸽形，为中式建筑中所罕见，是中方与西方文化相结合的产物。

温郡王府——兴衰短暂的王府

基本概况

1. 地理位置

东长安街路北，王府井大街南口迤西，现址为北京饭店新楼。

2. 王府主人

爱新觉罗·猛峨，又名猛瑾，满洲爱新觉罗氏。清太宗皇太极孙、肃武亲王豪格第五子。生于崇德八年（1643），顺治十四年（1657），猛峨被封为温郡王。康熙十三年（1674），猛峨逝世，朝廷予以谥号"良"，年仅32岁，史称温良郡王。他去世后长子佛永惠承袭温郡王爵位。

3. 建筑特点

顺治十五年（1658）以后，温郡王府西侧与义王孙可望为邻。中路依次建有宫门、东西配殿、银安殿、小殿、后殿和后楼；东路有几组院落，后院是府中家庙；西路建筑略少，有花园。

王府的由来

温郡王府坐落在东长安街，北边是理藩院后胡同（即后来的霞公府）。温郡王府的前身为清太宗第十一子博穆博果尔的襄亲王府。虽然襄亲王府在博穆博果尔薨逝前已经完工，但襄亲王博穆博果尔一直未到府中居住。于是襄亲王府就被赏给温郡王猛峨。

王府的消亡

温郡王府的由兴到衰的历史是短暂的，温郡王猛峨去世之后，他的长子佛永惠在康熙十三年（1674）的时候袭爵，但在短短四年之后就去世，于是猛峨的次子延绶袭爵，康熙三十七年（1698）的时候降为贝勒。延绶死后，他的儿子揆惠于雍正元年（1723）夺爵。

猛峨的第三个儿子延信是这座王府里最后一位主人。延信于康熙五十二年（1713）的时候授满洲都统，从征西宁。康熙五十九年（1720）正月，授平逆将军，率兵平定高原，因为表现出众，受到了康熙皇帝的赞许，并封其为辅国公。后来雍正帝即位，延信更是"高官封爵"，先是封固山贝子，再晋多罗贝勒。不过延信却未能在雍正帝的"关爱"下直至终老。

雍正五年（1727）的时候，延信返回京城，短短四个月后就被雍正帝治罪，二十款罪名拟斩决。雍正六年（1728）正月，延信被从宽免决。雍正帝在畅春园外盖房三间，将其幽禁，革除他贝勒的衔名，将他的子孙逐出宗室，贬为庶人。

从此以后，延信的后人生活变得窘迫，备受歧视。直到同治元年（1862），后裔锡寿将居住地搬至房山羊耳峪，开垦田地，种树木，家境才逐渐好转。

自从延信被废，迁出王府后，温郡王府便空空荡荡，故有"空府"之名。

光绪初年，温郡王府仅剩温良郡王祠仍存。光绪二十二年（1896），因为京汉铁路局的筹办，温郡王府被收回，仅存的温良郡王祠也就这样消亡了。

谦郡王府——遗址不详的王府

1. 地理位置

大致为燕京造纸厂附近。

2. 王府主人

始王瓦克达，是清太祖孙礼烈亲王代善第四子。

主人瓦克达

谦郡王府的主人是瓦克达，爱新觉罗氏，于明万历三十四年（1606）的时候在赫图阿拉城出生。

瓦克达的儿童时期一直生活在兴京苏子河畔，到了十五六岁的时候开始随着金大军和爱新觉罗氏家族迁移。可以说，瓦克达的童年是在战乱中度过的。那么，长大之后的瓦克达有着怎样的人生经历呢？最后又是怎样的人生结局呢？下面让我们来了解一下。

早年

瓦克达的一生也可谓是征战无数，早年就开始率兵打仗，屡立战功。天聪元年（1627）的时候，瓦克达率领清军攻打宁远，并击败了明军总兵满桂，但瓦克发却也因此战受伤。崇德五年（1640），瓦克达跟从多尔衮围攻锦州。次年，敌军迎来援兵，并派骑兵夺清军红衣大炮，瓦克达偕同满达海，雨中大战，将敌军击败。在奋战过程中，哈宁阿坠马重伤，瓦克达更是杀入重重围困的敌阵将哈宁阿救回。可就是这样一个英勇善战的瓦克达，却因为他的二哥硕托谋立睿亲王多尔衮而使其受到牵连，瓦克达被罢黜宗室资格。

后来顺治皇帝即位，瓦克达跟从多尔衮入山海关，追击李自成部队，顺治三年（1646）的时候，瓦克达因有功而被恢复宗室资格，并封三等镇国将军。后来又因战功而被封为镇国公。

谦襄郡王

顺治五年（1648）的时候，清世祖顾念宗室贫乏，便加以赏赐，瓦克达获白银六千两，并晋封为郡王。随后，瓦克达跟从阿济格防守大同，后来又随其征讨叛军姜瓖，并于顺治六年（1649）的时候将静乐及宁化所、八角堡诸寨悉数被平定。同年十月，瓦克达代满达海为征西大将军，将山西余寇剿灭。后来瓦克达又屡立战功，接连收复平阳三十六个属县。顺治八年（1651），瓦克达封号"谦"，是为谦郡王，并掌管工部，预为议政。次年，瓦克达被定罪，工部事务被解任，议政之职也被罢免。后来瓦克达也就是在那一年去世，终年47岁。直到康熙十年（1671）的时候才被追封谥号为"襄"，是为谦襄郡王。

逝世后

瓦克达曾经在平阳驻军，并在驻军的时候约束士兵安定居民。后来瓦克达逝世，平阳百姓便修建祠堂祭奠他。

如今的谦郡王府

如今的谦郡王府已经无迹可寻，其遗址也已经不太明确，只能大致确定为燕京造纸厂附近。